大学4年間の

経済学が

ざっと

10時間で

学べる　実戦編

東京大学大学院経済学研究科・
公共政策大学院教授　大橋 弘

JN037462

はじめに

経済学の「実戦」としての
経済政策

　本書は、経済学を応用して、現代の社会経済の理解を深めることを目的にしたものです。本書を井堀利宏先生の『大学4年間の経済学が10時間でざっと学べる』の「実戦」の場として位置づけられています。もしまだ井堀先生の本を手に取られていない方は、本書を入り口にして、さらに経済学への関心を深めていただいてもよいと思います。そうした複線的な経済学の学びの機会として本書をご活用いただきたいと思い、執筆しました。

　経済社会の理解を深める切り口は様々あります。ビジネス・経営やマーケティングといった観点からの切り口はすぐに浮かぶと思います。経済学の色々な「実戦」先があるなか、本書では、経済政策を取り上げることにしました。

経済学と経済政策

　なぜ経済政策なのでしょうか？　一言でいうと、経済政策を考える上で、経済学が役に立つからです。

　経済政策は、新型コロナウイルス感染拡大の真っただ中での緊急性を要する政策から、国家の財政再建を目指すような中長期的な政策まで、様々なメニューがあります。そこには、時間軸の長短があり、また個人や事業所などミクロに注目するものから、国や世界を俯瞰するようなマクロに着目するものまで、対象のサイズにも違いがあります。

　こうした違いがあるなか、経済政策に共通するのは、政策を行うことのメリットとデメリットのトレードオフのなかで、判断が迫られているということです。この政策のメリットとデメリットは、ま

だ生まれていない将来世代を含めて、世代によって異なっています
し、地域によっても異なっています。

多様な時間軸と多数の利害関係者がいるときに、あるべき経済政
策を考えるときに寄って立つ道標（みちしるべ）として、経済学の論理構成が役に
立ちます。本書が経済政策を使って、経済学を「実戦」する意図が
ここにあります。

他方で、経済学を「実戦」するにあたって、経済学の理論だけで
は到底十分とはいえません。理論に加えて、制度・エビデンス（事
実）について、バランスのとれた知識を持ちながら、それらを組み
合わせて応用する能力が必要です。

本書では、経済政策を経済学の理論の観点から大胆に切り取りな
がら、できる限り経済政策の背景にある制度・エビデンスの知識も
盛り込むことで、経済政策の立案・執行を立体的に捉えながら、経
済政策に関係する方々の理解にも役立てられればと思っています。

対象とする経済政策の射程

本書の目的は、政策的な処方箋を示すことではなく、経済政策を
素材にして経済学の理解を「実戦」のなかで深めることです。

経済の先行きが不透明ななかでは、新たな現実を説明するための
経済学が日々開発されて、政策議論にも反映されています。新しい
経済学や、それを反映した経済政策の多くはまだ評価が定まってお
らず、時間が経つと淘汰されるものも多くあります。

経済政策に関する類書も乏しいなか、本書では、経済政策を考え
るうえで筆者が必要と考える標準的な経済理論を網羅的に取り上げ
てみました。そして、それらの経済理論を説明できそうな政策分野
のなかで、現代を理解するうえで重要だと考えられる日本の政策の
いくつかを、制度・エビデンスにも触れながら本書で論じます。

経済政策のすそ野を広げる

　私は約20年の間、東京大学経済学部で「産業組織論」、同大公共政策大学院で「競争政策」の講義を行ってきました。

　産業組織論とは、企業の経営戦略やマーケティング戦略を学ぶ学問です。経済学では、こうした戦略は企業の利潤を最大化するという原則から導き出されます。

　私はこれまで、企業が利潤を高めながら、消費者にもメリットがある形を作りつつ、いかに社会全体の厚生やウェルビーイングを高められるか、そのためには、どのような政策が望まれるかという点に関心を持って、講義をしてきました。

　折しも企業にも持続可能な経営が求められるようになりました。多くの日本企業では、「Environment（環境）」「Social（社会）」「Governance（企業統治）」の要素を考慮したESG経営が謳われ始めています。まさに経済政策の考え方と同じ方向に企業経営も向かっていると感じます。

　経済学の理解を通じて、経済政策に対する関心がさらに広がることで、日本そして世界がよりバランスのとれた包摂的な社会となることを強く望んでいます。

本書の構成と狙い

　本書は3つのパートから構成されています。第1部は経済政策の基礎を説明します。第1章では、経済政策を経済学の観点から学ぶにあたっての理論的な視点や、日本を取り巻く社会経済環境の基本的な事実について紹介します。第2章では、経済政策で一般的に用いられる様々な手法について解説します。

　第2部は、マクロ経済政策を俯瞰します。第3章では、戦後日本の経済政策の変遷を俯瞰したうえで、ポストコロナに向けての経済政策の方向性を論じます。第4章では最近の経済財政政策として、

アベノミクスを中心にマクロ政策を取り上げます。第5章は、国際経済の観点から、国際貿易・為替や経済安全保障について説明します。

　第3部はミクロ経済政策を扱います。第6章は労働・教育政策を論じます。日本型の雇用システムや働き方改革、雇用形態の多様化等について触れます。第7章は再分配政策を説明します。適切な再分配を行うことで、就労のインセンティブを損なわない手法について説明します。

　第8章から第10章までは市場がうまく機能しない場合について論じます。第8章は規模の経済をインフラ政策に引き寄せて解説します。市場が独占化する場合の規制手法や民間活力の導入について説明します。

　第9章は外部性と公共財について論じます。知的財産権や都市の集積について触れながら、地球温暖化対策として炭素税や排出権取引について経済学の観点から説明します。第10章は情報の非対称性を医療政策の観点から論じます。この章では複雑な日本の医療制度を丁寧に紹介しつつ、市場が機能しない理由について考えます。

　第11章は競争政策を取り上げます。市場メカニズムを機能させるうえで、競争政策は現代の経済社会になくてはならない経済政策です。

　本書はどの章も完結して読めるようにしています。また関連する用語が他の章や節にあれば、それを参照できるようにしていますので、どこから読み始めても、最後には全体が理解できるように工夫しています。

　本書が読者の皆さんにとって経済学を通じて経済社会の理解を深める一助となれば、これに勝る喜びはありません。

東京大学大学院経済学研究科・公共政策大学院教授

大橋　　弘

第2部
マクロ経済政策

③ 戦後経済政策の変遷

第3部
ミクロ経済政策

⑥ 労働・教育政策

⑦ 成長につながる再分配政策

10 　情報の非対称性と医療政策

11 　競争政策

装丁――――――――― 二ノ宮 匡（ニクスインク）

図版作成・DTP ――― キャップス

校正――――――――― 麦秋アートセンター

第 1 部

経済政策の
基礎

▶ 01

経済学から見た 経済政策

　本書は、**経済政策**を素材にして、**経済学**の理解をさらに深めてもらいたいとの思いを込めて書き下ろしたものです。経済政策を取り上げた理由には、2つあります。

　1つは、経済政策の是非がしばしば経済学の観点から論じられる点で、経済政策が経済学の良い実戦事例になっている点。2つ目は、経済政策の影響が近年、私たちに身近になってきている点です。

　例えば2020〜2022年の新型コロナウイルス感染拡大のさなかでは、休職や失業した方の支援や、事業を持続化するための補助など、様々な経済政策が幅広く総動員されました。当時は、世界の各国経済が、経済政策によって支えられました。

経済学から経済政策を学ぶ意義

　経済政策は、その時々の経済学の生きた素材を提供します。作られた当初は合理性があった経済政策も、継続していくと、時代の変化とともに合理性を失ってしまうことがあります。経済政策は、国内外の社会経済情勢とともに変わっているのです。

　他方で経済政策は、国民の税金等を使って行われている以上、政策を行うための理論的な根拠や実証的な裏付けが必要です。でないと、特定の団体や個人の声に経済政策が誘導されかねないからです。国家や地域全体にメリットのある経済政策が行われるためには、根拠や裏付けをもって経済政策が立案され、執行される必要があります。

経済政策を行う上での、そうした根拠や裏付けを与える道具の1つが、経済学です。経済学を通じた生きた社会経済の動きを学ぶ上で、経済政策は格好の実戦の場を与えてくれるのです。

経済政策から経済学を学ぶ意義

経済政策は、その時代における制度・歴史・エビデンス（事実）・理論をバランスよく踏まえる必要があります。そして立案・執行された政策は、評価を通じて、将来の政策立案の知見に生かされるべきです。

近年、国内外の情勢は加速度的に変化しています。**AI（人工知能）** が人間の仕事を奪うといわれるまで発達したり、**地政学**的リスクでエネルギーや半導体等が自由に輸入できなくなったりしています。**地球温暖化問題**に対処するために、温室効果ガスを削減したり、気候変動の被害を回避したりするための対策が求められています。

こうした社会経済の先行きが不透明な時代では、経済政策は、一種の**社会実験**の役割を帯びます。政策の実施を通じて現実を理解することで、政策効果の最も高い方法を探すことにつながるからです。

政策の立案には、理論的・実証的な観点から説明責任が果たされるべきですし、政策を行った後には、政策の評価・検証から得られる学びを、次の政策立案に生かせるようにしなければなりません。

経済学は、こうした政策の立案と評価・検証に貢献ができるだけでなく、政策を前提にしたビジネスのあり方を考えるうえでも役に立ちます。本書では、そうした広がりを持つ経済学を、経済政策という場で実戦してみたいと思います。

▶ 02

なぜ経済政策が必要か

　なぜ経済政策が、必要なのでしょうか。経済学のロジックを踏まえると、政府が経済政策を行うには、それなりの根拠が必要なことがわかります。

市場の機能

　アダム・スミスは、『国富論』（1776年）のなかで、売り手と買い手が、自らの利益のみを追求して自発的に売り買いを行えば、効率的に配分が行われて社会的メリット（**社会的余剰**と言います）の最大化につながると主張しました。つまり、売り手と買い手で構成される社会全体にとっての利益を最大化させるということです。

　経済活動の場である**市場**において、売りと買いの取引を、皆が勝手に始めると、混乱を引き起こしそうです。

　しかし**完全競争**の世界では、市場価格が調整機能を果たすため、売り手と買い手がまさに互いに協調するかのように、社会全体の利益を最大化することになります。このように社会全体の資源が効率的に使われている状態を**パレート最適**といいます。

　厚生経済学の基本定理では、完全競争はパレート最適を生み出し、パレート最適となる状態は完全競争によって達成されることが知られています。

分権的な市場と集権的な政府

　パレート最適は、市場に頼らなくても達成できます。

　政府が、売り手と買い手の要望を聞いてモノを配分する**中央集権的**なシステムでも、社会的メリットを最大化することができるはずです。

　しかしこの場合、政府が、売り手の売りたい価格や、買い手の買いたい価格を情報として収集し、売り手と買い手のニーズの**マッチング**を行う必要があります。しかしこれは、相当の労力と時間がかかりそうですね。

　そうした中央集権的なシステムと比較すると、アダム・スミスの完全競争の世界では、売り手と買い手が自由に市場で取引を行うなかで、市場価格に情報が反映されることになります。買い（売り）が多ければ価格が上がる（下がる）といった感じです。売り手と買い手の各自が**分権的**なシステムのもとで、価格をみて行動することで、パレート最適が達成されるのです。

市場があれば政策はいらない？

　こう考えてみると、**効率性**の観点からだけであれば、政府に頼って手間がかかる情報収集をお願いするよりも、市場に任せてしまったほうが楽そうです。つまり**市場が万全に機能すれば、政府はいらない**という結論になります。

　しかし社会経済活動は効率性だけで成り立っているわけではありません。また効率性の点でも、市場が常に万全というわけではありません。

　政府や経済政策が必要とされる理由を、以下では３つの点から考えてみます。

市場だけではうまくいかない３つの点

　経済政策が必要とされる１つ目の理由は、政府が所得の**再分配**を行う必要があるというものです。市場メカニズムが格差を拡大する傾向があるからです。

富の集中が進む一方で、貧困が一向になくならない状況に対して、政府が課税や補助を行うことで、社会的に望ましいとされる所得配分に近づけることが求められます。

　この所得再分配には、現在、市場に参加している人々のみならず、現在世代と将来世代との間の所得再分配や、都市と地方の間の再分配も考慮に入れる必要があります。

　2つ目は、**市場の不完全性**によるものです。市場が効率的な機能を発揮するには**完全競争**が成り立つ必要があります。完全競争が成り立つには、いくつかの重要な仮定を満たす必要がありますが、現実の多くの市場は、そうした仮定を満たしていません。

　完全競争が機能しない状態を**市場の失敗**といいます。本書では、市場の失敗として**規模の経済性**、**外部性と公共財**、**情報**の3つの事象を、主にインフラ政策、環境政策、医療政策と関連づけて、個別の章として取り上げます。

　このように市場がうまく機能しない場合には、政府が経済政策を通じて市場の機能を補完する必要があります。

　最後に、経済政策が必要とされる3点目が、**景気の安定化機能**です。これは主にマクロ政策に典型的に見られます。景気の安定化機能にも、政府が市場の代わりとなって積極的に介入するものから、市場に足りない機能を受動的に補完する形まで様々あることを本書にて触れたいと思います。

　本書では、これら3つの点から経済政策について、具体的な政策も織り交ぜながら、論じたいと思います。

10 hours 1
Economics
Policy

経済政策の
基礎

▶ 03

1

経済政策の基礎

政府の失敗

　市場の機能を補完・代替する形で、経済政策が必要とされることがわかりました。しかし、経済政策がその必要性に応えるためには、経済政策が正しく立案され、適切なタイミングで執行される必要があります。経済政策を担当する主体（政府）が、将来を正確に見通して判断に誤りなく経済政策を立案・執行することが前提になります。

　しかし政府も万能ではありません。当然のことながら、ときに政府も誤りを犯すわけです。

　売り手と買い手のマッチングを**市場メカニズム（市場経済）**ではなく、国家が計画的に行おうとしたシステムを**社会主義経済（計画経済）**と言います。この経済体制では、需給に関わる情報を一元的に管理することで需給調整を図ろうとしました。しかし、政府が、膨大な情報を一元管理しつつ、効率的に処理することは困難でした。

　この結果、計画経済では、商品が必要な人に届かず、また消費者が必要とするニーズが生産者に伝わりませんでした。品質も劣悪になり、イノベーションも停滞することになりました。

　政府の失敗は、計画経済だけでなく、市場経済を支える民主主義でも起こり得ます。ここでは3つの点を指摘しましょう。

意思決定プロセスの問題

　民主主義による意思決定は、たいてい多数決での合意を得た提案が採用されます。

ノーベル経済学賞を受賞したケネス・アローは、公正な投票が満たすべき条件として、独裁者が存在しないことを含む4つの条件を取り上げ、多数決による決定は、これらの条件が満たされないことを証明しました。つまり多数決による判断が民主的に公正な条件を満たすことは不可能だということです。

　これは**アローの不可能性定理**といわれます。

　アローの不可能性定理を使うと、複数の提案から2つを任意に選んで、多数決の投票で勝ち抜き戦をさせると、最終的に選ばれる提案は、投票にかける提案の順序によって異なることが明らかにされています。議会や委員会での意思決定プロセスにおいて、どのような順番で議題が設定されるかが重要となるわけです。こうしたプロセスにおいて、議会や委員会の長や事務局が果たす役割が大きいことが、ここからうかがい知れます。

利益団体のロビー活動

　政府の意思決定過程では、自らの利益を政策に反映するために、様々な利益団体が政治活動（**ロビイング**）を行っています。アメリカの経済学者の**マンサー・オルソン**は、利益団体は規模が小さいほど、構成員一人当たりに実現する**利益**（**レント**）が大きくなることから、強い結束力をもって活動を行う傾向があると指摘しました。

　例えば、1次産業として就業者が減少する農業団体は、依然として強い結束力をもって農産品価格を高めに維持するなどといったロビー活動を行っています。

　これに対して、消費者や農産品を加工する生産者は、高い価格を支払わざるを得ない状況に対して、対抗して政治活動をすべきでしょう。

　しかし消費者や加工業者の数は、農業者に比較して圧倒的に多く、政治活動を通じて得られる一人当たりのメリットが乏しいことから、農業団体に対抗するだけの結束力が生まれません。

結果として、小規模の利益団体による利益が社会的に実現してしまいます。利害関係者だけに調整を委ねると、真に社会にとって望ましい政策が実現しないことがあるのです。

政策ラグ

政府が経済課題を認識し、経済立案してから実施に移すまでには時間がかかります。実施された政策が効果をもたらすには、さらなる時間を要することがあります。

こうした**政策ラグ**は、政策担当者ばかりでなく、国民やメディアの意識にも存在します。

特に私たちの意識に**現状維持バイアス**が働くと、新しい取り組みに対してブレーキがかかってしまい、適切なタイミングでの政策執行にも支障が出ることもあります。

現状維持バイアスは、しばしば**既得権益**につながっていることがあります。現状が変わってしまうと今得ている利益を失うことになるために、たとえ社会的にメリットがある政策であっても、現状を変えることに抵抗する既得権益は必ず存在します。

こうした既得権益と交渉しながら、いかに政策によって世の中を改善していくかは、経済政策の立案・執行の醍醐味でもあります。

市場も失敗しますが、政府も上記の理由で失敗することが十分にあり得ることを念頭に、市場のメリットを生かす形で経済政策を論じるべきでしょう。

議題設定の重要性

3つの議題を3人で多数決で決める状況

3人の間で多数決	3つの議題の優先順位
Aさん	議題3 < 議題2 < 議題1
Bさん	議題1 < 議題3 < 議題2
Cさん	議題2 < 議題1 < 議題3

- 3つの議題を同時に多数決にかけるとAさんは議題1、Bさんは議題2、Cさんは議題3と、それぞれ最も優先順位の高い議題に投票するので多数決で決まりません。

- しかし2つの議題を選んで勝ち抜き戦をやると、議題を選ぶ順番で、多数決投票の結果に違いがでます。

- 例えば、最初に議題2と議題3の2つで多数決を行ない、過半数を得た議題（この場合、議題2）と議題1を多数決投票すると、議題1が選ばれます。

  - Aさんが議題の順番を決める立場ですと、上のように議題設定を行うことで、自分の最も優先順位の高い議題を採択することができます。

  - Bさんが議題の順番を決める立場ですと、最初に議題1と議題3で多数決を行い（議題3が選ばれます）、次に議題2を多数決投票するでしょう。

10 hours **1**
Economics
Policy

経済政策の
基礎

▶ 04
デジタル時代における経済政策

　経済社会のグローバル化が進展し、デジタル技術が経済活動や私たちの社会生活を大きく変えています。産業の主要な分野では、センサーなどの **IoT**（モノのインターネット）によってデジタル化が普及してきています。

　製造・物流・小売といった業態が融合し、業態を超えた**データ連携**が広がるようになり、多様な消費者のニーズに応じて、**少量多品種生産**が行われるなど、業態横断的な最適化がなされるようになります。

AIやロボットによるDX

　こうした変革全般を **DX**（デジタルトランスフォーメーション）といいます。

　AIや**ロボット**が人の判断を補完して活用される分野も急速な広がりを見せています。

　AI を用いた**自動運転**も段階的に実現しています。

　医療で用いられる画像診断にも AI が活用されています。自律走行型の案内ロボットも様々な施設で見られるようになってきました。これまで人の眼が頼りだった各種の点検や確認作業も、AI やロボットで行うことが可能となりつつあります。

　経済政策もデジタル化やグローバル化の革新に合わせてデジタル化が進んでくるでしょう。

デジタル時代によって生じる課題

　これまでの経済活動は、人と人との**対面**を原則にして行われてきました。そこで、経済取引に伴う規制や制度も、人を中心にした仕組みとして出来上がっています。

　デジタル化によって、人が果たしてきた機能が、AIやロボットに置き換えられたり、補完したりすることが技術的に可能になってくれば、規制・制度もデジタル化に整合するように変えていくべきです。

　例えば、インフラの**安全規制**では、これまで人が目視や打音によって点検・検査することが原則とされてきました。達成すべき安全性の基準を示すことなく、手段を示すことで点検・検査の質を確保してきたのです。

　しかし、目視や打音といった特定の手段を指定して、他の手段を禁止する規制では、高精度カメラやドローンなどの新たなイノベーションが点検や検査の分野に参入することができません。

求められる競争中立の考え方

　デジタル時代における経済政策では、政策によって達成すべき目標（**性能基準**）を指し示すことで、その性能基準を達成するための手段を義務づけない考え方が求められます。

　インフラの点検・検査であれば、安全性の基準をしっかり示すことで、デジタルと目視・打音のいずれも特別扱いせずに手段を競わせるということです。この考え方を**競争中立**と言います。

　こうした考え方は、政策目的を達成するために複数の手段を許しつつ、そうした手段の間で競争を促すことで、より効果的・効率的な手段を生み出す**インセンティブ**にもつながります。

▶ 05

安定供給と効率性

市場メカニズムでは**効率性**が重視されます。1-02で紹介した**完全
競争**のもとでは、市場参加者が自らのインセンティブに基づいて市
場取引をすることで、社会全体の厚生が最も最大になる**パレート最
適**が達成されることを学びました。

限られた資源を最大限有効に生かすという点で、効率性は重要な
概念です。資源が無駄に使われることは、地球環境の点でも望まし
いことではありません。

効率性だけでない政策目的

しかし、多くの経済政策では、効率性以外にも重要な政策目的が
あります。

例えば、**エネルギー政策**においては、**Ｓ＋３Ｅ**を重視しています。
エネルギー供給の**安全性**（Safety）を前提としつつ、**効率性**
（Efficiency）、**環境適合性**（Environment）、**安定供給**（Energy
Security）という３Ｅを同時達成することを政策目的にするという
ものです。

環境適合性とは、地球温暖化への対策を主に指します。安定供給
とは、国内への供給が支障なく行われるべきという考え方です。日
本は資源の大半を海外からの輸入に頼っているので、そうした輸入
が滞りなく行われることとともに、電力などが需給ひっ迫を起こす
ことなく、国内に供給されることを指しています。

なお安定供給は、エネルギー政策のみに当てはまるものではあり

ません。医薬品を含む医療政策や農業政策など、国民の生活に欠かすことのできない財・サービスを提供する産業では、安定供給が重要な政策目的になっています。

安定供給の新たな視点

安定供給のもとでは、需給ひっ迫といった非常事態に備えて、供給力を確保しておくことになります。医療において、重要な医薬品の需給がひっ迫するとは、場合によると患者の生死に関わる事態を引き起こしかねません。農業においても、多くの農産品で供給がひっ迫し、迅速な輸入に頼ることができない場合には、国民の生死に関わる事態になります。

こうした万一の需給ひっ迫が起きることは稀とはいえ、需給ひっ迫による惨事を避けるためには、日常から供給力を余分に在庫などの形で確保することが重要になります。

他方で、効率性の観点からだけでみると、国民の負担を最小にするためには、最終的に使われることのないような資源を調達して在庫として持つことは、無駄と判断されるかもしれません。

経済安全保障（→5-05）がクローズアップされるなかで、安定供給が重要な政策課題として浮上しています。安定供給のメリットは、安定供給に支障が出て初めて実感されるのに対して、安定供給を維持するためのコストは、私たちの財布から日々支払われることになります。

万一の需給ひっ迫よりも日々の支出に目が行き過ぎてしまうと、安定供給を損なってでも効率性に重きをおくことになってしまいます。

つまり安定供給と効率性は、共に必要でありながら、しばしば相反する関係に陥りがちなのです。両者のバランスをいかにとるかが課題になっています。

30秒でわかる! ポイント

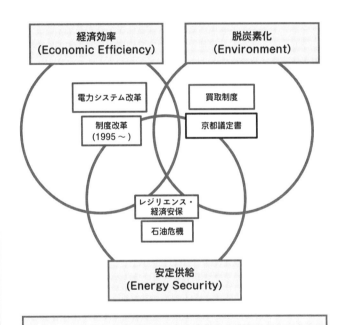

エネルギー政策の重点:S + 3E
(イメージ)

経済効率
(Economic Efficiency)

脱炭素化
(Environment)

電力システム改革

買取制度

制度改革
(1995〜)

京都議定書

レジリエンス・
経済安保

石油危機

安定供給
(Energy Security)

安全性 (Safety)

▶ 06
行政組織のあり方

　行政組織の課題は、経済学的にはどのように解決できるでしょうか。

　どこの国でも、行政組織は、経済社会の多種多様なニーズに対応するために、常に再編・統合を繰り返しています。

　内閣の統轄のもとに、内閣府や財務省といった各府省に所掌事務が与えられ、行政機関の相互で調整や連絡を図りながら、一体として行政機能を発揮させ、行政事務の効率的な遂行がなされることが求められています（**国家行政組織法**第1条、第2章）。

縦割り行政の弊害

　国家行政組織法では、相互の調整や連絡を図ることが謳われているものの、各府省は、それぞれの行政組織のなかで人事異動や予算などの重要な事項が決められていることから、各府省の独自性が強く働きがちです。これは**行政の縦割り**と呼ばれています。行政の縦割りは、異なる府省で見られるだけでなく、同じ府省内での組織（局や部、課室）などでも見られがちです。

　そこで、こうした行政の現状を変える行政改革の目的として、「縦割り行政の打破」が掲げられることが多々あるわけです。

　例えば、同じ子どもが通うところでありながら、幼稚園を監督する文部科学省と保育園を監督する厚生労働省との間の連携がうまくとれないとか、高齢者にとって区別が明確にしにくい医療と介護が、厚生労働省のなかであるにもかかわらず、うまく部局同士が連携し

ない点は、行政の縦割りの弊害として指摘されたところです。

縦割り行政のメリット

　他方で、行政の縦割りは、業務の役割分担を明確にすることで、分業のメリットを生かすことができます。

　アダム・スミスは、『国富論』の冒頭にて、市場が拡大すると分業のメリットが大きくなることを、ピン製造を例にとって説明しました。職人が全ての製造工程を1人で行うと1日でせいぜい20本のピンしか作れないところ、製造工程を分けて、10人の職人を製造工程に特化させたところ、1日4万8千本のピンが製造できたというのでした。つまり分業をさせることで生産性が240倍向上したことになります。

　労働者が自分の持ち場の工程で専門性を磨くことで、労働生産性が上がっていくのです。こうした現象を**学習効果**と言います。同じ作業を繰り返すことで、やり方を学んで上手になっていくということです。

　しかし、世の中のニーズが変わると、行政のニーズも変わり、新たな取り組みが求められるようになります。

　新しい取り組みに対応するためには、縦割りを打破して、横断的に組織を見直すことで**全体最適**になるよう心がけることが重要です。つまり行政組織の間の協調を促すということですね。

　縦割り行政が効率的なのか、**協調の失敗**による**部分最適**に過ぎないのかは、その時々に行政に求められる課題の内容によるといえそうです。そしてこの点は、行政に限らず、企業組織に対しても同様に指摘できるのでしょう。

▶ 07

エビデンスに
基づく経済政策
（EBPM）

EBPM とは「**エビデンスに基づく政策立案**」の略称です。この起源は「**エビデンスに基づく医療**」（EBM）に由来します。

EBM とは患者への医療行為を行うにあたって、その時点で得られる最善の科学的根拠を利用すべきという考え方です。EBPM は EBM を政策立案に応用したもので、英国では1997年のブレア政権、米国では2009年のオバマ政権から本格的に試行されています。日本では、政策立案のエビデンスであるべき統計に不備があるとの指摘が EBPM の出発点となりました。

統計改革の必要性

重要な経済統計の１つに**国民経済計算**があります。これは**国民総生産**（**GDP**）など日本経済の現状を映す重要な統計となっています。この基幹統計の精度について、内閣府と日本銀行が激しく議論しました。このことをきっかけに、**統計改革**が2016年に始まったのです。

その後も、国の賃金、労働時間といった雇用動向を明らかにする基幹統計におけるデータ不正や、建設工事の受注動態統計の不正な書き換えが問題となるなど、統計改革の必要性はますます高まることになりました。

統計改革によって精度の高い統計が「供給」されれば、そのデータや知見を使って、政策の有効性や説明責任をこれまで以上に果たすことができるはずです。そうした精度の高い統計が供給されて初

めて、エビデンスに基づいた政策立案が意味を持つことになります。

EBPMとは、統計の「需要」側の取り組みとして始められたのです。

政策評価から学び、それを立案に生かす

立案される経済政策に絶対の真理はありません。政策は、常に変化する現実に対して硬直的であるべきではなく、適切かつ迅速に見直しがなされるべきだからです。

過去における政策の正しさが、将来の正しさを保証するわけではありません。現実の変化に合わせて、政策は微調整されるべきですし、ときに既存の政策を捨てて、新しい政策に代えることも必要でしょう。

政策立案の新陳代謝を高めるためには、政策の実施中であっても、見直すべきものはしっかり**政策評価**をして政策の軌道修正していくことが、効率的な財政執行の観点からも求められます。

行政の無謬性打破

現実に合わせた適切な政策運用を行うには、一度決定された政策は変えるべきではないといった、**行政の無謬性**を政策立案と評価に求めるべきではありません。前例のない政策課題に挑戦するためにも、政策の進捗を遅滞なく把握しながら、政策目的の達成に向けて柔軟に軌道修正を行っていくことが求められます。こうした政策立案のあり方は、**アジャイル型**の政策立案と呼ばれています。

現実に合わせて柔軟に政策を変えるということは、政策立案をいい加減にしてよいということではありません。将来の不確実性が高まるなかで、単年度を超えて、複数年度の長期にわたる予算に基づく政策が次々に登場しています。複数の将来シナリオを用意しつつ、そのシナリオに応じて政策プログラムを適宜変更しながら試行錯誤するといった、新たな政策立案の試みが、EBPMで始まっています。

30秒でわかる！ ポイント

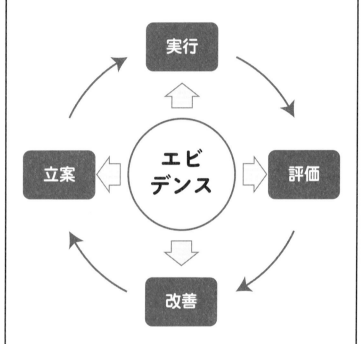

EBPMの基本的な考え方

- **EBPM**とは、**政策目的**をはっきりさせつつ、政策手段と目的の論理的つながり（**ロジック**）を明確にする政策の基本的枠組みです。
- **根拠（エビデンス）**を重視して、政策をやりっ放しにせず、次の立案に生かすことが大切です。

出典：内閣官房行政改革推進本部事務局（2022）『EBPMガイドブック』より作成

▶ 08-補論1

経済政策を
取り巻く日本の
社会経済情勢

　本書で扱う経済政策の課題は、現代を生きる私たちが直面する課題でもあります。

　そうした経済政策の課題は、国や地域で異なりますし、時代とともに変化もします。

　日本の経済政策の理解を深める前提として、本節と次節で、経済政策を取り巻く社会経済情勢を補論として確認しておきましょう。この節ではGDP（国内総生産）と人口減少（少子化・高齢化）を概観します。

GDPと豊かさ

　各国の経済規模を示す指標としてGDPが用いられます。GDPは国が生み出す付加価値を示す点で、国民の所得や支出を表しています。なおGDPには名目と実質があります。名目GDPはその時点で取引された価格に基づく数字で、インフレやデフレなどの物価変動の影響を受けます。他方で、実質GDPは物価変動を調整した後の数字ですので、他の年のGDPとの比較が可能となります。

　このGDPが増えることは、生活の豊かさを示す指標とも考えられてきました。ところが日本の名目GDPは、「**失われた30年**」ともいわれるように、1980年頃からほぼゼロ成長が続いています。

　もっともGDPが生活の豊かさを表しているかについては議論の余地がありそうです。ひとつはデジタル化の恩恵がGDPで捉えられていない点が指摘できます。インターネットで検索したり、情報

収集したりすることで、経済活動の効率性が相当に向上しています
が、こうしたサービスは無料で利用できるので、GDPには補足さ
れていません。またこうしたサービスを利用する過程で取得される
個人情報が広告などの形で利用されることについても、GDPで十
分に捉えられていません。

さらにGDPは個人の健康や生きがいといった**ウェルビーイング**
も補足がされておらず、ウェルビーイングを捉える新たな指標を作
成する試みもなされています。

人口減少と少子化・高齢化

わが国の人口は2008年をピークに減少局面に入っています。こ
の背景には**少子化**があります。**合計特殊出生率**（→7-05）は2を大
幅に下回っており、2065年まで人口は減少し続ける見込みです。
こうした少子化をどのように食い止めるかが、政策的にも日本にお
いて大変重要になっています。

高齢化率は既に30%近くになり、社会保障をはじめとする負担は、
今後も増加することが見込まれています。不足する労働生産人口に
対して、外国人労働者を増やす試み（→6-07）や、デジタル化
（→1-04）による労働力を代替する試みも行われています。

なお経済政策の議論は得てして日本国民に向けてなされることか
ら、国内に閉じた議論がなされがちです。グローバル化の時代にお
いては、**対内直接投資**などを通じて、海外企業が日本国内で経済活
動を行う場面も広がっていきます。

こうした点からも、日本が海外からどう見えるかを意識しながら、
日本の経済政策を議論する姿勢が大切です。

30秒でわかる! ポイント

1人当たりGDPの推移

国ごとに人口が違うために、GDPを人口で割った「1人当たりGDP」を見ることで、その国の平均的な経済活動（生活の豊かさ）を推測することができます。

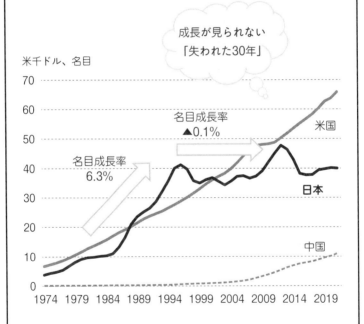

成長が見られない
「失われた30年」

米千ドル、名目

名目成長率
▲0.1%

名目成長率
6.3%

米国

日本

中国

出典：World Bank より作成。3年移動平均。

▶ 09-補論2

日本の財政状況

　大きな政府と小さな政府のどちらが望ましいのか。

　この古くからの問いに対して、経済学からの簡単な回答はありません。11-06で議論するように、企業組織においても、垂直統合（大きい企業）と水平分業（小さい企業）とどちらが望ましいのかという問いがありますが、この問いへの回答と同様に、政府の最適規模についての見方は、時代とともに変わってきたといえるでしょう。

政府の最適規模の変遷

　規制緩和や構造改革では、政府が民間活動を圧迫（**クラウディングアウト**）するとして、小さい政府が目指されてきました。その結果として、**公営企業の民営化**が行われるなど、公的部門を国から切り離す取り組みがされてきたのです。

　しかし2008年秋の**世界金融危機（リーマン・ショック）**以降、政府に対する見方が世界的に大きく変わりました。産業政策に懐疑的な米国が、ゼネラル・モーターズ（GM）やフォードに対して経営救済をしたことや、中国や韓国での産業政策が製造業（半導体や造船など）を中心に成功しているとの評価が、政府に対する見方が変わったきっかけだったように感じます。この時期を境に、産業政策の有効性が広く謳われるようになったのです。

　その後、新型コロナウイルス感染拡大では、わが国でも**持続化給付金**などを通じて政府が民間企業を下支えする事態になり、大きな

政府の流れは決定的なものになりました。

財政の持続可能性

　東京オリンピック後の不況に対応するために、均衡財政の原則から踏み出して**国債**を発行しました。この時の国債は主に、社会資本インフラの費用をまかなうために発行されたもので、建設国債と呼ばれました。

　また、建設国債に限らない国債（**赤字国債**）を発行し、その後、**財政赤字**は拡大していくことになります。歳出改革など財政健全化に向けての財政再建への努力もなされてきましたが、**政府債務**は今に至るまで増加の一途をたどっています。

　返済は国民所得を原資とすると捉えてみるときに、GDP に比してどれだけ返すべき政府債務があるかが１つの目安になります。この GDP 比での債務残高は、2009年に財政危機に見舞われたギリシャを超えて、日本では250% まで上昇していることがわかります。

財政規律のあり方

　財政の持続可能性を確保するために、日本は、行政に必要な経費を税収でまかなえていることを示す**基礎的財政収支（PB）**を黒字化することを目標に掲げています。国債の償還や利払いも税収でまかなう**財政収支**の黒字化よりも緩い目標です。

　デフレ脱却や**量的緩和政策**（→4-03）の修正が金利を上昇させることになれば、政府の債務利払いを増大させる恐れがあります。他方で、少子高齢化や人口減少、脱炭素などの対策のために、財政政策への期待はますます高まっています。

　どのような条件が財政破綻を招くことになるのか。財政の持続可能性への更なる検証を行いながら、いかなる**財政規律**を求めることが適切なのか、**EBPM**（→1-07）に基づく議論が求められます。

基礎的財政収支（PB）の推移

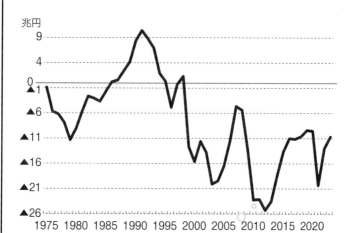

兆円

政策経費が税収等を上回る状況
が続いています

注：プライマリーバランス（一般会計基礎的収支）は「税収＋その他の収入-基礎的財政収支対象
経費」。
出典：財務省「我が国の財政事情（令和5年度予算政府案）」より作成。

▶ 01

国営化・公営化

国民に提供すべきサービスのうち、民間の企業ではなく、政府が自らサービスを提供する分野があります。例えば上下水道は、一般に地方自治体によってサービスが提供されています。ゴミ処理も同様です。

こうしたサービスには**市場の失敗**が見られる場合もありますし、民間企業では採算が取れないために、政府が国民に不可欠なサービスとして提供している場合もあります。こうしたサービスは、国や地方自治体が経営する**公企業**や、民間との共同出資で設立された**第三セクター**（**半官半民**）にて運営されており、**公営化**によるサービス提供といえます。

公営化とソフトな予算制約

公営化されたサービスでは、政府は、財政支出の費目や金額に上限を決めていないことが多いといわれています。

これを**ソフトな予算制約**にあるといわれます。

ソフトな予算制約は、市場の失敗に備えて事後的に柔軟な対応ができるメリットがあります。例えば、急に住民が移住してきたりするような事態が生じた場合に、予算を柔軟に確保することでごみ処理などの住民サービスを滞りなく提供することが可能になります。

しかし、ソフトな予算制約にはデメリットもあります。それは、深刻な**モラルハザード**（→2-05）を生み出してしまうというものです。

サービスを提供する公企業や第三セクターは、事後的に政府が救済してくれることを見込んで、経営にゆるみが出てしまい、効率化に取り組む意欲を失ってしまう懸念があるのです。実際に、多くの公企業や第三セクターは赤字を出し続け、政府の大きな負担になりました。

　こうした現象は、いわば政府の予算が**公共財**のようにみなされ、過大な支出を許すことで予算が食いつくされてしまうという「**共有地（コモンズ）の悲劇**」（→4-01）と似た側面があります。

　このように公営化にはメリットとデメリットがあります。公企業でも、採算性が見込めるものは、日本国有鉄道や日本電信電話公社のように、これまでも**民営化**（→2-07）がなされました。日本国有鉄道は、JRグループ6社と貨物鉄道に分割民営化され、電電公社はNTTグループに再編民営化されました。

　しかし、民営化せずとも、**サンセット条項**（→2-05）を設けて、予算執行にコミットすることで、政府自らの意思が働かないようにする方法も、ソフトな予算制約の問題を緩和する方法として考えられます。

　予算執行に自ら制約を課すような公営企業はなかなか見られないのが現状です。最善策ではなくても、最善に近づけるような政策を**次善策**といいます。現実には、経済学が想定する最善策が行われることは稀で、ほとんどの経済政策は、様々な制約に直面するなかで、次善策が取られていると言ってよいでしょう。

30秒でわかる! ポイント

国営化・公営化の懸念

①政府からの補助が存在しうることで

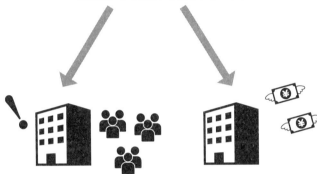

②柔軟な対応が可能な一方…　　③放漫な経営につながる恐れも…

実質国有化した最近の事例

・東京電力
　2011年福島第1原子力発電所事故後、国（原子力損害賠償・廃炉等支援機構）が50%超の議決権保有。

・日本航空
　2010年会社更生法適用を機に、国（企業再生支援機構）が支援。2012年に再上場して再び民間へ。

▶ 02

課税

　政府の収入の過半は**課税**によってまかなわれています。課税による収入は、格差是正政策（→第7章）を行ううえでの原資や、補助金の原資などに役立てられます。同時に課税は人々の行動にも影響を与えます。

観光国税の効果

　例えば**国際観光旅客税**（観光税）を取り上げてみましょう。この税は2019年1月に導入されたもので、日本から出国する旅行客に対してチケット代金に上乗せする形で徴収し、国に納付するものです。2020年東京オリンピック・パラリンピックの財源や、訪日外国人観光客に向けた観光促進のための税とされました。

　理論的には、観光税はその形態によって国際旅客の動向に異なった影響を与えます。例えば、観光税を距離別による**従量税**だと仮定してみましょう。すると遠くの国に行くほど、距離に比例して観光税が高くなるので、価格に敏感な旅行客は、観光税の導入によって、海外の近場を選ぶようになります。

　今度は、観光税を出国1回あたりの**定額税**であると仮定すると、海外旅行に行くことを前提とすれば、どこに行っても同じ税支出となりますので、観光税は行き先国の選択には影響を与えません。

　このように観光税は海外旅行に行くかどうかの判断には影響を与えるものの、定額税は海外旅行の行先には影響を与えない点で、選択行動に**中立的な税**といえます。

　政府の目的が税収を最大化することにあるならば、納税者の行動に影響をできるだけ与えないような税体系が望ましいことが知られています。結局、わが国の観光税は、出国１回あたり1000円を課すという**定額税**を選びました。

　なお観光税は、航空会社が納税者となっています。国によっては空港の入り口で旅客者から直接に課税するケースも見られます。同じ1000円を課すときに、旅行者に課しても、航空会社に課しても、結果は同じです。

税の帰着

　上述のように、**売り手に課しても買い手に課しても税の影響は同等**であるという点は、誰が税金を払っているか（**税の帰着**）という視点から議論を整理できます。

　例として社会保険料を取り上げてみましょう。社会保険料の多くは、企業と労働者が分担をしています。仮に、国が社会保険料を全額企業に負担させるように決めたとします。このとき、労働者の社会保険料の負担は解消されるでしょうか？

　企業は労働者の賃金を引き下げること（**税の転嫁**）で、実質的な負担割合が変わらないようにすることができます。つまりこの場合、税の真の負担を法律で決めることはできないのです。

　では税の真の負担は、どのように決まっているのでしょうか。経済学では、企業と労働者のうち、賃金に対する感応度が小さいほうに、より多くの負担が寄せられるとされます。例えば、賃金が下がっても離職することがない場合には、労働者が企業よりも多くの社会保険料負担をすることになります。

　立法が実効性を持つためには、背景にある経済学的なメカニズムを立法者は十分に把握して置くことが必要でしょう。

▶ 03

数量規制

　数量規制とは、生産・販売する量や地域をあえて制限することです。生産量や販売量が減れば、需要に比して供給が少なくなるので、価格が上昇することになります。

　それでも数量規制を行うことが、社会的に望ましい場合があります。**市場の失敗**（→1-02）がある場合がその典型です。

農業における規制

　例えば農業政策における数量規制はどうでしょうか。農産品のなかでも鮮度が大事な野菜や果実などは、豊作・不作の違いで価格が乱高下します。不作では供給が過少になって価格が上昇し、豊作になれば、供給過多で価格が下落するということです。

　鮮度がそれほど重要でなければ、豊作のときに在庫で貯蔵して、不作のときに貯蔵した在庫を放出することで、価格の安定化を図れますが、在庫できないものは価格の乱高下にさらされます。

　豊作のときに農作物の価格が下がらないようにするためには、共同で販売数量を制限する必要があります。こうした需給調整を目指す数量制限は、参加者の自主性に任せると、ほかの農家に**フリーライド**して、数量制限に従わない農家が出てきかねないので、拘束力を持たせる必要があります。この拘束力を持たせた数量制限を**カルテル**といいます。

　稲作をしていた土地で、飼料米や他の作物を作るように転作を進める民間での規制（**減反**）も、コメの価格を安定化させるための1

つの方策です。しかし減反で稲作面積が減少しても、減反が逆に単位当たり面積で収穫量の高い品種を開発するインセンティブを生み出すことになれば、減反がさらなる減反を生むためのイノベーションを促進するといったことにもなります。

いずれにしても、減反は消費者に対して高い価格を支払うことを余儀なくさせます。消費者が被るデメリットを上回る社会的なメリットが何か、こうした数量制限には問われることになります。

国資産の数量割り当て

政府で行われている数量規制には、**電波帯域の割り当て**や空港における**発着枠スロット配分**などがあります。ともに政府が有する資産の使用権を民間に割り当てるものです。

割り当てにおいて重要な目的が2つあります。1つは、最も有効に国資産を活用する者が誰かを見つけることです。2つ目は、適切な対価で国資産の使用権を割り当てることです。この2つの目的を同時に満たせる有力な方法が、**オークション**です。

オークションには、例えば日本の**公共調達**のように、金額を封印して応札する形式から、築地の魚市場のようにみんなの前で競り落とすような形式まで、いろいろなやり方が存在します。

電波帯域の割り当てでは、価格を基準にしたオークションが海外では行われていますが、日本は最近まで価格以外の指標に基づいた割り当てを行ってきました。例えば、割り当てを受けた後、どれだけの数の基地局を設置するかなどといった計画目標を指標として点数化し、その総合点に基づいて配分する者を決めていたわけです。こうした方法は、点数化のプロセスが不透明になりがちですし、計画目標が達成されたかどうかをモニタリングするコストも行政側にかかることになります。

他方で、価格だけのオークションでは、落札額が高騰して事業者の資金が足りなくなった結果、落札した後に投資が進まなくなった

り、特定の事業者に国資産が集中したりする懸念が指摘されました。適切なオークションのデザインが求められる理由です。

ゾーニング規制

　地域における数量規制として都市計画やゾーニング規制があります。**都市計画**においては、住宅地域や工業地域など、土地に対して利用規制をすることがあります。また災害の危険性が高い地域には居住を禁止するような規制も考えられます。

　ゾーニング規制は、住民が安心して居住する空間を保ちつつ、工場が地域クラスターを形成する上で重要です。ゾーニング規制により、効率的な投資が行われる一例と言えます。

禁止と闇市

　数量規制を強めると禁止につながります。例えば過去にアルコールの製造や販売を禁じる禁酒令がありました。

　庶民にニーズがある商品を禁止すると、そうした商品は闇市で流通するようになります。こうなると、逆に政府は実態を把握することができないというジレンマにも陥ります。

　そこでどんな商品に対しても、禁止をすることをせずに、高率の課税を課すなど市場メカニズムを使うことが望ましいとの意見もあります。

　商品には、中毒性があったりしてひとたび経験すると、合理的な消費判断ができなくなるようなものもあります。

　禁止の影響を慎重に比較衡量することが求められます。

▶ 04

価格規制と
市場メカニズム

価格規制には市場価格の上限を定める規制と、下限を定める規制があります。上限と下限のどちらか一方しか規制されない場合もあれば、上限と下限が同時に規制される場合もあります。

価格規制を導入する目的は様々です。独占企業の価格の引き上げを抑制するためだったり、安定供給の義務にあたって経営を安定化させるためだったりします。

価格規制とヘッジ

価格規制には、**市場価格の乱高下（ボラティリティ）**を抑える役割もあります。例えば、電力・ガスでは、海外から輸入される燃料費や原料費が高騰しても、家庭用の小売料金はある一定額以上高騰しないように上限価格を設けています。

市場のボラティリティを緩和する政策は、一見すると消費者や生産者に優しい制度に見えます。こうした政策は、政府がリスクをとることを意味し、最終的には国民に負担が転嫁されます。

事業者によってリスクへの耐性が異なることを思えば、市場のボラティリティを政府が負担するのではなく、企業が自らの判断で**ヘッジ**（回避）することが重要です。政府が市場価格のボラティリティを政策的に緩和することで、**保険**や**先物市場**といった民間のサービスが**クラウディングアウト**（駆逐）されて育たなくなってしまう点にも、注意が求められます。

コメの先物

例えば農業では収入変動を緩和するために、収入がある一定の額に満たない場合には政府が税金などで農家の収入を補填する制度があります。こうしたセーフティネットがあることもあり、コメの**先物市場**はニーズがなくなり、廃止されてしまいました。

なお大阪堂島は世界で初めてコメの先物市場が導入されたことで知られており、日本は先物取引の発祥地でもあります。

予見できない天変地異には、民間のヘッジ商品も対処ができませんので、政府の役割も必要ですが、各事業者が自らの知恵と工夫でリスクをヘッジすることは、国の税金に頼り過ぎない経営の自立性を確保するうえで忘れてはいけません。

ガソリン価格高騰の激変緩和

燃料価格が高騰したことを受けて、日本では2022年に燃料価格の抑制策として、石油元売りに対して補助金を支給しました。補助金額はガソリン価格の高騰分に応じて決められました。

地球温暖化対策（→9-05）を進める日本において、ガソリンの小売価格の高騰を抑制する政策は、脱炭素化の取り組みに反するとの批判が多く聞かれました。また移動の手段としてガソリン車の利用が不可欠な地域への補助策として考えても、小売価格を抑制するために、石油元売りへの補助金が効果的か議論の余地があります。

ガソリン価格に影響を与えるような現行の経済政策は次善策（→2-01）です。最も効果的かつ効率的な経済政策は、ガソリン価格高騰で影響を受ける世帯への、的を絞った所得補償でしょう。個別世帯へのきめ細やかな政策対応ができるようデジタル化の進展が求められるところでもあります。

価格規制の懸念

・政策がないと…

 価格変動リスク
が怖い!

 先物・
保険を開発

消滅

・政策があると…

 価格規制がある
から大丈夫!

クラウディングアウト

✕

・過度な規制は、自主的に備える姿勢を失わせることも
・自主的な備えを超える変動・高騰との見極めが大事!

補助金政策

　政府の政策が目的を達成するために、消費者や企業といった経済主体の行動を変える必要があります。経済主体の行動を変えるためには、経済主体が政策の意図する方向に行動するようインセンティブを付与したり、政策の意図と反する行動をする場合にはペナルティーを課したりする仕組みを導入する必要があります。この代表的な手法が**補助金政策**です。

補助金のいろいろ

　経済主体が、「ある値」から生産活動を増やす（減らす）と金銭的なメリットが得られる手法が**補助金**です。

　この手の補助金はたくさんあります。新規の設備投資を促進するために、設備投資の費用の半額を補助したり、投資費用を減税したりする政策は**増産補助金**の一種といえます。

　他方で生産活動を減らすことに補助を出す**減産補助金**も存在します。ここでは2つ挙げてみましょう。1つは2-03でも取り上げた**減反**です。需要に応じた生産を行うという政策目標のもとで、食用米の作り過ぎを防ぐ観点から、飼料米の生産を増やすことに対して補助金を付与しました。この補助金は、食用米を減らすことに対する補助金とみなせば、減産補助金であることがわかります。

　また電力需給がひっ迫しているときに、**節電**するとポイントや現金が支給される政策も、電力消費を減らすことに対する補助金と考えられます。

ヤードスティック査定の仕組み

　補助金支給の起点となる「ある値」が容易に決められない場合があります。そうした場合には、同種・類似する経済主体と比較して、その比較対象企業よりも数値がよければ補助金を出し、数値が悪ければ、補助金を減らす仕組みがあります。この仕組みの代表例が**ヤードスティック査定**と呼ばれるものです。

　電力やガス、鉄道においては、企業規模などで類似する企業群を特定し、その企業群の平均値よりも高いパフォーマンスを示す（例えば低い費用で効率的な経営が達成できている）場合には、料金・運賃を高めに査定されます。

補助金額の設定

　増産にせよ減産にせよ、補助金を与える場合、金額はいくらが適切かが論点になります。補助金額の妥当性は、補助金を出すことによってどれだけの政策効果を見込んでいるのかに依ります。具体的には補助金に対してどれだけ経済全体の生産活動が敏感に反応するかに依存します。敏感に反応すればそれだけ補助金額は少なくて済みそうです。

　補助金額の計算では、具体例に則して経済モデルを使った**シミュレーション**を行うこともしばしばあります。

デジタル化の重要性

　新型コロナウイルス感染拡大のもとでは、申請のあった家庭や企業に対して給付金（持続化給付金など）が様々な形で支払われました。

　給付金のおかげで、事業の再構築が可能になるなど多くの経済主体がメリットを受けた半面、不正受給が後を絶たず、本当に必要な人や事業者に必要な額の給付金が支給されているのか疑問も提起さ

れました。7-07で見るように、**個人情報**の扱いに留意をしつつも、デジタル化による経済活動の見える化をもっと進めていく必要があります。

補助金政策の留意点

補助金政策には、2つの点に留意をする必要があります。1つ目は、**補助金への過度な依存からの脱却**です。成果目標がはっきりしないもとで補助を受けると、なかなか補助から抜け出して自立をしようと努力しなくなり、結果として補助が半永久的に続いてしまうという**モラルハザード**が起こります。

こうした依存現象を断つには、補助を打ち切る時期（**サンセット**）を明言し、補助からの自立を促すようコミットさせる必要があります。もっとも、コロナ禍のように、感染の終息時期が見えないなかでの支援策では、サンセットを設けることは難しいことも理解できます。そこでモラルハザードを防ぐよう、補助金が目的にあった使われ方をされているか、**行政のモニタリング**をしっかり行うことなどが求められます。

2つ目に留意すべき点として、（補助から抜け出すための）**インセンティブ**の確保です。例えば生活保護（→7-03）において、頑張って自立をしようと就職した場合に、稼いだ分だけ生活保護の支給額が減額されると、生活保護から抜け出す努力をする意思が削がれてしまいます。

自立する過程で、補助から抜け出すことの努力を促すような制度設計を補助金政策に盛り込んでおく必要があります。

いずれにしても義務づけたり禁止したりする規制と違い、補助金政策は、人々の自由や権利を制限する度合いが少ない点で、反発を受けにくい手法と考えられます。

認可・認証と
参入規制

　情報の非対称性が市場の失敗を生む点を1-02にて指摘しました。市場における売り手と買い手との間で、情報が平等に共有されず、売り手か買い手かどちらか一方に偏在する場合、市場取引が効率的に行われないばかりか、取引自体が成立しないことも考えられます。こうした非効率性を引き起こす現象を逆選択やモラルハザード（→2-05）といいます。

逆選択の問題

　逆選択の有名な事例が、中古車市場の取引です。買い手が中古車の品質を評価できないと、品質の悪い中古車が市場にあふれてしまい、良い品質の中古車の取引が行われなくなります。中古車を英語の俗語で**レモン**と呼ぶことから、逆選択をレモンの経済学ということもあります。

　逆選択を克服する方法の１つが、**認証・資格制度の創設**です。政府や第三者が、財やサービスの品質を保証し、売り手の情報を買い手に知らせることで情報の非対称性を解消する手法です。弁護士や医師などの専門職資格の存在も、専門的な知識や技能を持っていることを保証する制度といえます。

　メーカーや取引仲介業者が提供する**製品保証**（ワランティー）も、認証制度の一例になります。消費者が購入する製品に対して、保証期間内で無償修理等を受けることができれば、消費者は製品に対する品質に信頼を持って購入判断ができると考えられます。

もちろん製品保証があることで、消費者が製品をぞんざいに扱うような**モラルハザード**が生じる可能性があります。そこで製品保証において保証の対象範囲を丁寧に定めることで、そうしたモラルハザードを誘発しない工夫も必要です。

制度の弊害と対策

　資格制度は、おおむね国家資格と民間資格に分けられます。法律や医療といった情報の非対称性がつきまとうサービス分野において、認定された資格を有する専門家が正しい知識を提供することで、逆選択を解消する役割を果たしています。

　他方で、こうした専門職資格は、その資格がなければ業務を行えない点で、**業務独占資格**を与えられていることが往々にしてあります。とりわけ国家資格である弁護士や医師といった専門職が典型です。

　独占には、**参入障壁**を高くして供給を少なくすることで競争を避け、価格を上げたり品質を下げたりする弊害があることが経済学で知られています。サービス内容を消費者がチェックすることが難しいという**情報の非対称性**があるなか、専門職資格の独占性による質の確保には一定の意義がありますが、他方で、この独占性が現在資格を有している専門職者のモラルハザードを生み、専門資格が既得権益化する懸念も指摘されます。

　認証・資格制度を正しく機能させるためには、独占の弊害を回避するための何らかの仕組みが求められるでしょう。例えば、**参入規制**を緩和したり、あるいはそうした緩和が難しいのであれば、代替的な措置として、業務資格免許の定期的な更新を行ったりするなどの質の確保に向けた取り組みが求められます。

30秒でわかる! ポイント

逆選択

どちらを売っても
同じ評価…

どちらも外見はよい

違いが
分からない…

質の悪いもの（レモン）しか取引されなくなる！

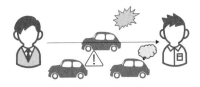

　レモンは、外見はつややかでも、切って中身を見ると萎れていることがあります。

　こうしたことから、レモン（lemon）は、外から見ても分からない質の悪い商品の代名詞として、俗英語では使われることがあります。

▶ 07
民営化と規制改革

　1980年代に規制緩和が世界的なトレンドとなりました。英国の
サッチャー政権や米国のレーガン政権のもとで、公企業を民営化し
て**「小さな政府」**とすることで、民間主導の経済成長を目指すよう
になりました。

　日本でも、中曽根康弘政権では公企業である日本国有鉄道や電電
公社、日本専売公社等を民営化する取り組みがなされました。さら
に小泉純一郎政権では、政治的に大きく紛糾するなか、郵政公社が
民営化されるに至っています。

　これまで独占的にサービスを提供していた公企業が**民営化**される
ことで、そのサービス分野の独占性が解消され、他の民間企業も参
入が可能となるように自由化が行われてきたのです。

通信の自由化

　日本の**通信自由化**は欧米の自由化とほぼ同時期に始まりました。
1985年の**電電公社の民営化**の前年にあたる84年に、米国で AT&T
が資本分割され、英国でも BT が民営化されました。電電公社の民
営化ほどなくして、新電電3社をはじめ、複数の事業者が参入し、
「国内は電電公社、国際通信は KDD」という自由化以前の独占体
制に風穴があけられることになりました。

　その後、目まぐるしい再編と統合の末、現在は大手3グループ
（KDDI、ソフトバンク、NTT 各グループ）に集約されています。
設備を持たずに大手の設備を利用してサービスだけを提供する新規

事業者も参入しています。

航空の規制緩和

　航空分野では、戦後長らく**45・47体制**と言われる産業政策のもと、JAL は国際線・国内線（幹線）、ANA は国内線（幹線・ローカル線）、JAS（2002年に JAL と経営統合）は国内線（ローカル線）という事業棲み分け（**需給調整規制**）がなされてきました。1987年に **JAL が民営化**し、2000年に需給調整規制は廃止されることになりました。

　この間に、徐々に**運賃が自由化**され、2002年に**格安航空会社**（**LCC**）が初めて就航することになりました。今では、国際線においても二国間での企業数や路線や便数の制限を相互に撤廃する**オープンスカイ**が推進されています。

規制改革の取り組み

　こうした規制緩和や自由化が進んだ理由として、市場の失敗と同時に政府が失敗することもあり得るという経済学の考え方があります。**政府の失敗**の社会的コストも無視し得ないことから、市場メカニズムをうまくしっかり活用しようとする動きが背景にあったといえるでしょう。

　今では規制緩和に加えて、規制の効率化・高度化を目指す**規制改革**が行われています。市場メカニズムだけではうまくいかない場合には、規制を導入するということも規制改革では取り組まれています（→3-04）。

　なお価格が規制されていた時代と比べて、規制緩和のもとでは、需給ひっ迫に直面すると、価格が高騰することになります。規制緩和は、需給変化に伴う**価格変動リスク**を消費者が分担する仕組みとも考えられ、消費者の賢い選択が望まれます。

▶ 08

民間活力の導入
（PPP/PFI）

　厳しい政府の財政制約のなか、公共サービスの質を高める手法として、PPP/PFI という民間活力を導入する手法が注目されています。

　PPP/PFI は、民間の資金やノウハウを公共サービスの提供に活用する仕組みです。1 つの方法が**公設民営**と呼ばれる手法で、政府がインフラを整備し、その施設運営を民間が委託を受けて行うものです。運営委託の手法として**指定管理者制度**がよく知られています。

空港経営改革の例

　英国の「小さな政府」への取り組みから生まれた**PPP/PFI**では、インフラを公的部門が所有し、運営を民間企業に任せるという点で、**上下分離**（→8-08）の形が見られます。運営が「上」で、インフラが「下」ということで、上と下が異なる主体で運営、所有されていることから上下分離とよばれます。なお、運営委託に加えて、インフラの建設整備も一括して民間企業が担うこともあります。

　PPP/PFI の代表的な事例に**空港経営改革**があります。数十年にわたる長期の期間にわたって公共施設の運営権を民間企業に売却するもので、**コンセッション（民間委託）**ともいわれます。

　空港のコンセッションでは、国が滑走路などの基本施設の運営権を民間に設定することで、旅客ターミナル施設等との一体的な運営が民間企業によって可能になり、空港の活性化に向けて各施設の経営目標を同じ方向に向かわせることができます。

　空港コンセッションは、2016年の仙台空港を皮切りに、高松空

港や福岡空港などが取り組みを始めており、路線誘致やアクセス改善などを通じて、地域経済の活性化に寄与しています。

　空港以外にも、PPP/PFI は公園や道路の建設など、地域の様々なインフラの建設・維持管理に利用することができます。国や自治体の財政状況が悪化しているなかにおいて、民間の活力を生かして地域インフラを維持・拡張させる取り組みが PPP/PFI に求められています。

PPP/PFIと情報の非対称性

　PPP/PFI に適したインフラとは、政府自らがインフラを整備運営するよりも、PPP/PFI に任せたほうが、低い費用で高い品質が得られるという点で、**VFM（Value for Money）** があるということにほかなりません。

　PPP/PFI が VFM の観点で優位性を持つためには、依頼主（**プリンシパル**）である政府が、受託者（**エージェント**）である民間企業の意図通りにインフラ整備・運営を行うよう、契約に落とし込む必要があります。

　契約のうえで重要な点が、依頼主と受託者との間のリスク分担についてです。プリンシパルはエージェントの行動を直接に観察ができないという**情報の非対称性**があります。そうしたなかでエージェントが怠けたりしてプリンシパルのために働かないといった**モラルハザード**を起こすことを防ぎながら、エージェントのやる気をいかに引き出すような契約関係を築けるかが、PPP/PFI の成否を分ける肝になります。

30 秒でわかる! ポイント

PPP/PFIの市場規模

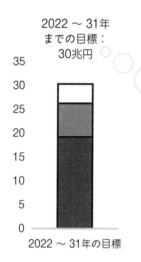

2022 ～ 31年
までの目標:
30兆円

```
35
30
25
20
15
10
 5
 0
```
2022 ～ 31年の目標

□ 取り組み強化

▨ コンセッション

■ その他のPPP/PFI

空港のような大きな事業から、公園・公民館や学校といった身近な公的資産の活用など**多様な公共施設やサービス**に適用可能

出典:PPP/PFI推進アクションプラン(令和4年改訂版:https://www8.cao.go.jp/pfi/actionplan/action_index_r4.html)より作成(アクセス日:2023年2月2日)。

ナッジと行動変容

　規制や補助金などの経済的インセンティブを与えることは、企業や消費者などの経済主体の行動に介入することを意味します。それに対して、人々の自由や権利を制限せずに、人々の心理的な特性を利用して、政策的な誘導を図る手法を**ナッジ**といいます。

　例えば、スマホでもそうですが、**初期（デフォルト）**設定をいじって自らに最適な設定を行う人は稀で、多くの人はスマホをデフォルト設定のまま使用しています。初期設定に慣れ親しむと、現状を変えることについて躊躇が生じます。こうした**現状維持バイアス**を後発薬（ジェネリック）に応用した結果、ジェネリック薬の選択率を引き上げて、医療費の削減を試みた政策があります。

ジェネリック促進策

　一般的に先発薬の特許が切れて販売される後発薬は、先発薬と比べて安価ですので、同じ有効性と安全性が確保されていれば、後発薬を処方することで国民医療費は下がります。しかし医師は、国民医療費を安くしても、自分の収入が上がるわけではないので、使い慣れた薬である先発薬を処方しがちです。

　こうした医師の意識を変えるために、これまで「後発薬への変更可」をチェックする処方箋の備考欄を2008年と2012年の２回にわたって変更し、後発薬を処方することをデフォルト設定しました。この様式変更の効果は、業界内では後発薬への普及に大きくつながったといわれています。

なお余談になりますが、後発薬メーカーは一般に中小企業が多く、ジェネリック促進策による需要の増加に供給能力が追いつかず、品質問題にまで発展する事態が2020年以降、相次いで明らかになりました。需給をうまくバランスさせながら、需要促進策を政策的に図ることの難しさが、図らずも露呈した事例といえます。

生活のなかのナッジ

ナッジは、医師が使う医薬品のような専門的な世界のみならず、私たちの生活のなかにも浸透しています。例えばレストランのメニューのリストの最も目立つところに、高単価のメニューを載せたりすることがひとつの事例でしょう。これは、レストランの来店客の多くが、リストの最も目立つところにあるメニューをオーダーしがちであるという行動習性を利用した戦略と考えられます。

ナッジに対する留意点

政府によるナッジは、個人の意思に関係なく、また個人が気づくことのないままに、個人の行動に介入することになります。こうした個人の明示的な同意なく、個人の行動に干渉することに対して懸念を表明する声もあります。この点は、冒頭でも記したように、規制や補助金などが個人の行動に介入することを事前に宣言していることと比べると、ナッジが特殊な点とも考えられます。

個人の判断ミスを「ナッジ」によって修正させているのか、あるいは個人の意見の違いを「ナッジ」によって統制しようとしているのか。ナッジに限らず、政策の目的を明確にすることが、手段の正当性の判断に資することになると思われます。

第 2 部

マクロ
経済政策

► 01

産業政策と
競争政策

　この章では、戦後日本の経済政策を駆け足で振り返ります。まずは経済政策としてしばしば話題に上る、産業政策と競争政策との関係から論じたいと思います。

産業政策の視点

　敗戦後の日本には対立する2つの政策的な立場がありました。

　1つは、**産業政策**の立場です。第2次世界大戦における日本の軍事的な進出は、資源確保と市場拡張の思惑から始まりました。そしてこの軍事的な進出によって、多くの不幸が生み出されました。

　その反省に立ち、日本国内にしっかり資源と市場を確保するよう政策として進めるべきというのが産業政策の立場です。海外からの輸入に対しては関税を課して国内産業を保護し、国内企業の規模拡大を目指しました。そして国家を代表する大企業（**ナショナル・チャンピオン**）を生み出すことで、**規模の経済性**（→第8章）を生かした海外展開することを狙いました。

　他方で、日本の国内産業を見ると、海外企業と比較しても規模の小さい企業が数多く存在し、国内市場で**過当競争**を繰り広げている現状がありました。そうした競争環境を転換し、**合併・再編**を通じて企業の規模を拡大すべきというのが、産業政策における取り組みになります。

競争政策の視点

　戦後日本におけるもう1つの政策的な立場は、**競争政策**に基づくものです。国内資源に乏しい日本は、海外と貿易をすることでしか生き延びることができず、そのためには自由化と市場競争を通じて、産業構造の適正化を目指すべきとする見方です。

　市場競争を通じた自然淘汰のメカニズムが働くのであれば、非効率な企業は退出し、過当競争や過剰供給も解消されるはずです。合併や再編も、市場メカニズムのなかで自然発生的に生じる事象ですから、産業政策に頼る必要はありません。逆に産業政策による業界再編は、競争を促進するというよりは、競争を回避するための手段とされるのではないかと、競争政策の立場は警鐘を鳴らしてきました。

政府主導と民間主導

　戦後の経済政策の変遷を俯瞰すると、産業政策と競争政策は互いに切磋琢磨する関係にあったといえます。

　産業政策は、政府主導で行われることから、市場メカニズムを軽視しがちと考えられてきました。逆に、競争政策は、市場メカニズムを使った民間主導での経済政策を念頭に置くことが多く、政府の役割は軽視されがちです。

　戦後の経済政策は、産業政策と競争政策の対立構造のなかにありましたが、コロナ禍を経験したポストコロナ時代では、やや異なる状況が生まれています。

　政府か民間かという二者択一ではなく、官民共同での新たな仕組み作りが志向されているのです。つまり産業政策と競争政策の二者択一ではなく、両者の融合を図る方向へと試行錯誤を始めているといえるでしょう。

　本章では、経済政策の変遷をたどりつつ、将来の姿を探ります。

戦後経済政策の概観
（イメージ）

1940 ～ 60年代：貿易保護と重工業化の道

・市場の失敗が経済発展の妨げ
・欧米資本に対抗するための国内重化学工業の育成（「規模の経済」）と国内産業の再編・最適化（「過当競争の防止」）

1970 ～ 90年代：「外圧」による産業構造転換

・政府の失敗が市場の失敗よりも深刻であるとの認識
・国外からの圧力の中での規制緩和・構造的な市場開放と内需拡大

2000 ～ 2010年代：「失われた20年」と内発的な構造改革

・市場の失敗も政府の失敗も併存するなかでの政策運営
・企業・事業再編やベンチャー支援による「競争力の回復」
・官民ファンドの設立

2010年代末～：官民共同での新たな枠組み

▶ 02

産業育成
（1940年―60年代）

　戦後直後の日本は、豊富な労働力に恵まれながらも、資本が過少な状況にありました。そこで、繊維など**労働集約的**な商品を輸出して外貨を稼ぎ、原材料や資本財を輸入するという**加工貿易**を経済活動の中核に据えました。

「もはや戦後ではない」

　政府は、資本蓄積を促して、余剰労働力を新たな産業に移行することで、産業の高度化を目指しました。具体的には、重化学工業や鉄鋼業などの**資本集約的**な産業に対して、優先的に資源配分を行い（**傾斜生産方式**）、補助金・税制で優遇するといった産業政策を行いました。

　資本集約的な産業は、一般に**規模の経済性**や**学習効果**を持ちます。学習効果とは、過去の生産実績が将来の効率的な生産につながる効果を指します。こうした産業では、競争相手よりもいち早く規模を拡大することが、比較優位性を確立するために有効です。

　日本では、資本集約的な商品の輸入に対して関税を課すことで、欧米企業から国内市場を保護し、国内産業が早く一人前の規模になるよう**幼稚産業保護**といった政策を取りました。

　こうした産業政策の背後には、国内産業の再編を進め、ときに企業間の協調を促すような**行政指導**を行う通商産業省の存在がありました。国際的に「mighty MITI」（強い通産省）ともいわれましたが、日本の産業政策が大きく脚光を浴びることにもなりました。

産業政策のもと、鉄鋼や自動車、家電などの産業が大きく成長しました。もっともこれら産業の成長の背景には様々な要因があり、産業政策との**因果関係**は乏しいとの研究結果も当時出されました。

終戦から10年目にして GDP が戦前の水準を上回るという、目覚ましい日本の戦後復興は、「**もはや戦後ではない**」という経済白書（1956年度版）の名言も生み出しました。

高度成長と社会保険の実現

1960年には、池田勇人内閣のもとで、「**国民所得倍増計画**」が打ち出され、国家のビジョンのもとに、官民がともに協力して経済成長を目指す姿が形作られました。

東京オリンピックが開催された1964年には、世界銀行からの借款を受けて**東海道新幹線**が建設され、続いて翌年に**名神高速道路**も完成しました。

田中角栄首相（当時）は日本列島改造論（1972年）を掲げて、日本列島を高速交通網で結んで地域の工業化を促すと主張し、公共事業関係費が大幅に増えました。これが現在の**財政赤字**の下地を作ったとの指摘（→1-09）もあります。

1961年には、すべての国民が医療保険および年金の保障が受けられるという、**国民皆保険**（10-02）・**皆年金制度**（7-04）が実現しました。社会扶助よりも社会保険のほうが自立的な個人にふさわしいという理念の実現となりました。

日本の医療保険・年金は保険料による支え合いが基本ですが、保険料のみでは現役世代に負担が集中してしまいます。そこで、税金や国の借金によって負担を肩代わりしてきたのです。

高齢化の進展で、医療・介護などの社会保障関連費が増大するなか、国民皆保険・皆年金制度の目指す理念である国民の誰もが平等に安心して暮らせる社会の実現と、持続的な国家財政の確立とのバランスをいかに保つのか、国民的な議論が求められています。

▶ 03

国際摩擦
(1970年—80年代)

日本の高度成長は、**ニクソン・ショック**（1971年）や**石油危機**（1973／79年）を経て終焉しました。インフレを抑えるために、日本銀行は市中の金融機関に貸し出す金利を最大9％にまで引き上げて、需要抑制を図りました。

2回の石油危機を通じて、エネルギー安定供給に対する政策が強化され、経済の省エネ化も進みました。

なお第1次石油危機では、第4次中東戦争をきっかけに原油価格が高騰し、日本でも狂乱物価といわれるほどに物価が上昇する（**インフレーション**）とともに、石油輸入代金が急増して経常収支赤字となり、日本を含めて世界的に不況（**スタグネーション**）となりました。インフレと不況が同時に起きる現象を**スタグフレーション**といいます。

スタグフレーション

不況では需要が不足するので価格が下がるはずとの経済理論からすると、インフレが不況と同時に起こることは想定がしにくい事態です。しかし、ウクライナへのロシア侵攻を受けてエネルギー価格が高騰した2022年の状況は、まさにそうした事態といわれました。

石油危機との違いは、2022年秋時点において、まだ日本ではインフレが恒常的に定着しているとは言い難いことに加え、**量的緩和政策**（→4-02）のもとで、政策金利を引き上げることが難しい点が挙げられます。金融政策が難しいなかでは、エネルギー価格高騰に

対して所得補塡などの**財政支出**や、**交易条件**（→5-04）を改善するための措置（例えば**為替介入**）等が考えられますが、どれも効果が短期に限定される可能性があります。

内需拡大

　1960年代からわが国の国際競争力は強化され、鉄鋼や自動車など輸出が大幅に伸びました。1985年の**プラザ合意**で円高が急速に進みましたが、貿易赤字が減らない米国との間では貿易摩擦が継続しました。

　日本は**輸出自主規制**とともに、**日米構造協議**を通じて、日本の国内市場の開放と内需拡大を求められました。1986年に出された**前川レポート**は、経常収支の不均衡を解消するための内需拡大と市場開放を同様に求め、これが日本の経済運営の基本となりました。

バブルの発生と崩壊

　内需拡大のために行われた、金融緩和と公共投資の拡大は、株価や地価を上昇させました。「土地は値下がりしない」という**土地神話**が生まれ、**バブル**が発生しました。金融機関は不動産を担保に、企業に巨額の融資を行い、企業はさらに土地などの資産に投資をすることで、土地価格はさらに上昇することになりました。

　しかし地価の上昇は、土地を持つ者と持たざる者との間の**格差**を生み出すことにもなります。地価の上昇を抑えるために、政策的に銀行の不動産向け貸し出しに制限が課せられるとバブルが崩壊しました。地価が下落を始めるとともに、過熱化していた経済も冷え切って、企業は過剰債務に加えて、過剰な設備投資、過剰な雇用（**3つの過剰**）を抱えることになったのです。

　振り返ると、バブルの崩壊は日本の**長期停滞**の始まりでもありました。

▶ 04

規制緩和・規制改革 （1990年代以降）

　バブル崩壊以降、日本はバブルの後遺症からなかなか立ち直ることができませんでした。1997年には、アジア通貨危機や3％から5％への消費税増税があり、景気が悪化する局面がありました。こうした事態に対して、政府は経済対策を実施しつつも、橋本龍太郎内閣のもとでは、行財政改革や金融自由化が進められました。

　しかし地価下落による融資の**不良債権問題**は、住宅専門金融会社（住専）のみならず金融機関でも深刻化し、山一證券が自主廃業するなど金融危機につながりました。自己資本比率を高めるために、金融機関は中小企業や個人事業主に対して**貸し渋り**や**貸しはがし**に走り、景気は大きく落ち込みました。

「改革なくして成長なし」

　景気対策を打ってもなかなか効かないのは、これまで強みとされてきた**日本型システム**（株式持ち合い、終身雇用）が足かせとなっているためとして、規制緩和・撤廃による小さい政府を目指すべきという**構造改革**を目指す声が高まりました。

　小泉純一郎内閣では、日本郵政公社の民営化を2007年に行い、さらなる**規制緩和**が進められました。政策的な規制緩和の実験を行いつつ、成功事例を全国展開するという理念のもとに、構造改革特区も創設されました。

　2-07でも論じたように、規制緩和や構造改革は、世界的潮流でもありました。**小さい政府**を志向して、市場メカニズムを通じた競争

を活性化することが、成長につながると考えられました。小泉純一郎首相（当時）は「**改革なくして成長なし**」をスローガンに掲げて規制緩和を推し進めました。

事前規制から事後規制への流れ

規制を緩和するとは、**行政指導**などの**事前規制**をなくすことを意味します。もし規制緩和で問題が起これば、**事後的**に独占禁止法などの**競争政策**を執行して取り締まることになります。つまり、産業政策から競争政策への揺り戻しへの流れがここに生まれたのです。

競争政策に強い影響力を持つ**シカゴ学派**が主張する、**市場メカニズム**重視の考え方も日本に浸透することになりました。

シカゴ学派は、市場メカニズムが機能するためには、あらゆる政策介入を抑制するべきであると主張し、その政策介入には競争政策の執行も含まれると断じました。こうした主張は、世界各国の競争政策当局（日本では**公正取引委員会**）の法執行にも影響を少なからず与えることにもなりました。

抑制的な競争政策の執行は、**デジタルプラットフォームの寡占化**が問題になる2010年代後半まで続くことになります（→11-04）。

なお規制緩和の対象は、個別規制を緩和・撤廃することから、規制制度やシステムを改革することに比重が移り始めています。現在では、市場メカニズムを生かして民の力を導入するために合理的と考えられるならば、新たな規制を導入して改革するという観点での取り組みも進められています。

例えば、医療分野のデジタル化では、各医療機関が独自の判断で異なる記載項目やフォーマットでデジタル化を行うと、データの統合を行うことが困難になります。そこで、各機関の自主性を重んじつつも、データ形式を標準化するなどといった一定の規律を導入することで、データを利活用しやすくするような公益に資する規制の導入が求められます。

▶ 05

緊急避難的措置
(2008年—2010年代)

　産業政策が再び脚光を浴びるようになったのは、2008年秋の**世界経済危機**がきっかけです。米国の投資会社リーマン・ブラザーズの倒産に端を発する、想定外の外生的な負の需要ショックが**リーマン・ショック**でした。この経済危機の余波を受けて、自国企業が経営危機に陥ることを避けるための経済政策が、日本や欧米諸国で繰り広げられました。

　2008年の世界経済危機を境にして、産業政策が再び脚光を浴びることになりました。

経済危機と負の連鎖

　世界各国で数多くの支援策が行われました。例えば、**エコカーに対する補助金支援**など特定分野に対する内需拡大策や、米国ゼネラル・モーターズ（GM）などの個別企業に対する経営支援がなされました。日本でも超過債務に陥った日本航空（JAL）が救済されましたが、産業政策の名のもとに、個別企業が支援された点が特徴的でした。

　これらの支援は、本来衰退すべき産業や退出すべき企業の延命策との区別があいまいになるため、実施を懸念する声も聞かれました。しかし、想定外の需要ショックは、取引先の倒産を受けて、健全な企業も連鎖的に経営危機に陥ってしまうことが懸念され、その政策対応として是認されました。

　こうした企業の救済措置は、**時限的**である限り、一定の評価がで

きるでしょう。一方、リーマン・ショックに続く、2011年3月の東日本大震災や累次の災害によって、企業に対する支援は継続し続けたのが実情でした。

救済が継続することで、企業における経営の自律性が損なわれるといったモラルハザードが起きないよう、救済の是非を見極めた、メリハリのある支援策が求められます。

海外市場の争奪戦

中国などの新興諸国の一部には、国策企業による欧米企業の買収や**ダンピング輸出**（コスト割れでの価格による輸出）も見られました。特にダンピング輸出は、**WTO**（**世界貿易機関**）の取り決めに違反するとして、WTOに提訴されるケースもありました。

日本においてはクールジャパンやインフラ輸出などにおいて**官民ファンド**が日本企業の海外等での事業展開を支援しました（→5-02）。少子高齢化や人口減に伴う国内市場の縮小を補うためにも、海外市場への展開を加速化する必要があったのです。

産業政策の復権

経済危機後、産業政策は欧米のみならず新興国でももてはやされるようになりました。中国の産業政策である「中国製造業2025」を背景にした中国のその後の経済成長を目の当たりにし、東南アジアやアフリカ諸国などが、中国を手本にしようと産業政策への関心を高めることにもなりました。

他方で、欧米の背中を追っていた時代と異なり、日本では、次代の産業構造や成長産業のビジョンを描くことは容易ではなく、産業単位にターゲットを絞った戦後の産業政策も行き詰まりを見せていました。新たな産業政策の考え方が求められていたのです。

▶ 06

官民共同の
新たな経済政策
（2010年代末以降）

　市場メカニズムを重視する考え方の根底には、個人主義や**消費者主権**があります。

　個人や企業を束縛する規制をなくすことが、経済活動の潜在力を解放し、またグローバル化でも、価値観や立場の違いがあっても、通貨を媒介にすれば対等に交流できるという点で、経済活動が**統治基盤**になり得るという見方を生み出しました。

新たな変曲点

　しかしリーマン・ショック以降、以下の４つの主な変化をきっかけに、新たな経済政策の考え方が必要になっています。

1．デジタル化

　市場競争では、その競争基盤は中立的なものとして与えられると仮定されていました。インターネットも普及すれば、**情報の非対称性**がなくなり、民主的な社会が訪れると信じられていました。

　しかしデジタル化が巨大IT企業の登場を許し、消費者の意思決定の基盤である情報が歪む懸念（フェイクニュース、検索順位やレコメンデーションの操作への恐れ等）が指摘されています。

　中立であるべき競争基盤が、営利企業によって提供されることに懸念が生じているといえます（→11-04）。

２．人口減少

　人口減少では、国内市場は全体として縮小せざるを得ません。

　供給を一定とすれば、自然と供給過多が生じるので、過当競争が促進されるという見方があります。他方で、供給者の数が減れば、**共同行為**（→11-02）が促されるとの懸念もあります。

　市場が拡大する局面では、参入が増えて消費者の選択肢も拡大し、競争が促進されます。しかし市場が縮小すると、企業が退出するとともに、消費者の選択肢は少なくなっていきます。競争政策が想定してきた世界観とはまるで異なる局面になるのです。

３．カーボンニュートラル（脱炭素）

　日本は、温室効果ガス（GHG）を2030年に2013年度比46%減、2050年には排出量と除去量を均衡させる**カーボンニュートラル**（→9-04）の達成を目指しています。

　脱炭素化の取り組みにおいては、これまでとは違う様々な共同事業が進む可能性があります。例えばアンモニアや水素を調達するための新たなサプライチェーンの構築が必要になります。また排出したGHGを効率的に利活用・処理するために、GHG回収のためのサプライチェーンも生まれるかもしれません。異業種を巻き込んだ新たな大規模な連携が市場競争に与える影響も懸念されます。

４．経済安全保障

　グローバル化の進展のなか、企業の利潤動機に基づいてサプライチェーンが形成された結果、国家の安全保障上、問題と考えられる地域にサプライチェーンが集約するような事態が明らかになりました。

　規制緩和では問われることのなかった国益という観点で、公平公正な競争基盤を確立する必要が生じており、消費者や企業の私

的な利益と、国民への安定供給を確保するという国家の公益をうまく適合させる必要が出てきています（→5-05）。

ガバナンス・レジーム

戦後日本の経済政策は、産業政策や行政指導といった、政策の事前介入や事前規制の時代を経て、市場メカニズムに依拠した競争政策に基づく規制緩和を行ってきました。

2008年秋の世界経済危機を経験し、新興国を含めて世界が、産業政策への傾倒を強めるなか、市場メカニズムが十分に機能しない事態にも直面しました。

技術革新のスピードが速まるなか、**事前規制**を強めることはイノベーションを歪めることになりかねず、他方で、**事後規制**では、事態が起こった後の対応が手遅れになることがよくあります。

市場における公正な競争は、所与のものではなく、官民が整備するものであるとの意識を持ちつつ、市場や制度の規律をデザインする必要が出てきています。

わが国では、**官民共同**での規制や連携によって制度を形成する試みを世界に先駆けて進めています。新しい技術やビジネスモデルの社会実装に向けて、企業の申請に基づいて実証を行いながら規制の見直しにつなげる「**規制のサンドボックス制度**」、デジタルプラットフォーム取引透明化法（→9-04）やGXリーグ（→9-06）における「**プレッジ・アンド・レビュー**」（自ら目標を掲げ、第三者が確認を行って目的を達成する手法）、ガバナンスコードにおける「**コンプライ・オア・エクスプレイン**」（ルールに従うかは企業等の自主的な判断に委ねつつ、従わない場合は説明を求める手法）がそれになります。官民共同の新たな経済政策をこれから日本としてどのように育て、世界に向けて発信していくかが問われています。

事業者の要望を通じて規制をデザインする日本の制度

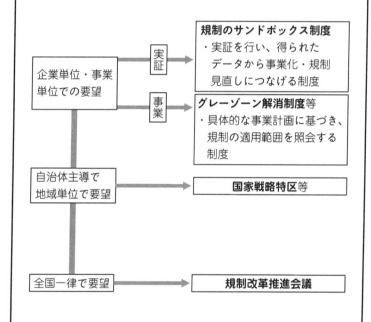

企業単位・事業単位での要望

実証 →

規制のサンドボックス制度
・実証を行い、得られたデータから事業化・規制見直しにつなげる制度

事業 →

グレーゾーン解消制度等
・具体的な事業計画に基づき、規制の適用範囲を照会する制度

自治体主導で地域単位で要望 →

国家戦略特区等

全国一律で要望 →

規制改革推進会議

出典：内閣官房HP（https://www.cas.go.jp/jp/seisaku/s-portal/pdf/underlyinglaw/sandboximage516.pdf）より作成（アクセス日：2023年2月2日）

▶ 01

アベノミクスの登場

2012年末に発足した第2次安倍晋三内閣は、「3本の矢」を経済政策の柱としました。いわゆる「アベノミクス」です。

アベノミクス3本の矢

最初の2本の矢は、①大胆な金融政策と②機動的な財政政策です。これらは、需要面に着目したマクロ経済政策と考えられます。最後の③民間投資を喚起する成長戦略は、供給面に着目した構造改革と捉えられており、市場の効率性を回復するためのミクロ経済政策と考えられます。

アベノミクスに対しては、当初から専門家の間でも意見が分かれていました。なかでも**非伝統的な金融政策**については、**デフレ**（→4-02）の原因を金融政策に求めることに対して懐疑的な見方があるなかで、**量的・質的金融緩和**が実施されました。

金利がゼロ、もしくはマイナスにまでなるなかで、金融緩和の効果が限定的になり、1991年のバブル崩壊以降も重視されてきた財政政策が、アベノミクスにおいても引き続き積極的な役割を果たしました。その結果、わが国の財政赤字は膨張の一途をたどることになります。

なお2015年9月には、アベノミクスの第2ステージとして、「新たな3本の矢」を発表しました。新たな第1の矢である「希望を生み出す強い経済」は、そもそもの「3本の矢」を継承したものです。加えて、「夢を紡ぐ子育て策」と「安心につながる社会保障」とい

う2本の新たな矢を加えました。

　本書では、新たな3本の矢について明示的に議論をすることはありませんが、新たな第2の矢は少子化対策（→7-05）として、そして新たな第3の矢は再分配政策（→第7章）にて触れることになります。

本章のスタンス

　本章では、アベノミクスの最初の2本の矢である金融・財政政策について議論します。ここでの経済政策は、**景気安定化機能**を果たす**マクロ経済政策**に位置づけられます。3つ目の矢については、アベノミクスかどうかにかかわらず、継続的に取り組まれている経済政策でもありますので、明示的に議論はしませんが、規制緩和・規制改革（→3-04）、輸出促進政策（→5-02）や第3部のミクロ経済政策など、本書の様々な個所で顔を出すことになります。

　なおアベノミクスに対しては、その政策の効果や副作用について、理論的・実証的な検証が済んだとは言い難く、未だに専門家の間でも意見の一致を見ていません。

　2022年夏に安倍晋三元首相が街頭演説中に凶弾に倒れ、2023年1月の執筆時点で、量的・質的金融緩和政策も、海外の金融当局を追う形で、手探りながらも解除に向かおうとするなか、アベノミクスに対する検証は今後も続くだろうと思われます。

　入門書である本書では、特定の仮説や見方に片寄らないように心掛けつつ、現在までの知見で言えそうなことを、できるだけ中立的に論じられればと思います。

　まずアベノミクスが始まる前から長期にわたって日本経済が抜け出せずにいたデフレから説明したいと思います。

30秒でわかる! ポイント

アベノミクス　3本の矢

持続的な経済成長
（富の拡大）

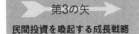

第3の矢→
民間投資を喚起する成長戦略

規制緩和等によって、民間企業や個人が真の実力を発揮できる社会へ

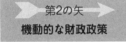

第2の矢→
機動的な財政政策

約10兆円規模の経済対策予算によって、政府が自ら率先して需要を創出

第1の矢→
大胆な金融政策

金融緩和で流通するお金の量を増やし、デフレマインドを払拭

出典：首相官邸HP（https://www.kantei.go.jp/jp/headline/seichosenryaku/
sanbonnoya.html）より作成（アクセス日：2023年2月2日）。

デフレの功罪

最近の
経済財政
政策

　デフレとはデフレーションの略で、物価が継続的に下落する現象を指します。**インフレ**（インフレーション）の真逆です。

　1991年のバブルの崩壊以降、日本経済の**長期停滞**はデフレとともに論じられてきました。物価が下がることは消費者にとってよい話ですが、企業活動にとってはよいことともいえません。

負債や賃金への影響

　まず負債を抱える企業にとって、予想以上に物価が下落すると、負債の**実質的**な負担が増えることになります。

　負債の**名目額**が変わらないままに、一般物価が下落すれば、実質的な負債額が増加するからです。

　なおゼロ金利で名目金利が変わらないと、デフレは実質金利を上昇させます。そこで、資金を借りて設備投資を行うことを躊躇する企業が出てきます。

　デフレが進んで返済が企業にとって過度の重荷になると、返済困難な**不良債権**になってしまいます。不良債権は正常な経済活動を滞らせることになります。

　第2の問題として、デフレによって実質賃金が上昇することが挙げられます。デフレに応じて名目賃金を下げることができれば、企業にとって望ましいかもしれません。しかし、名目賃金の引き下げは、労働者にとって不利益な変更は不当とみなされることが多く、容易に名目賃金を引き下げることはできません。これを名目賃金に

下方硬直性があるといいます。

デフレの要因

日本で長期にわたって物価水準が持続的に下落してきた理由に、大きく分けて需要面と供給面との２つの説明がなされてきました。

需要面では、不況などの理由で需要が減少し、需給が緩んだ状況が続いているというものです。

供給面では、安価な輸入の増加や生産費用の低下が価格に反映されているというものです。供給面での理由は、不況による実質賃金の低下でも生じますが、景気と関係なくイノベーションや規制緩和の効果としても起こり得ます。

1990年代は、**IT バブル**といったイノベーションが一世を風靡した時期ではありましたが、当時のデフレは、需要低迷を反映したものとの見方が優勢でした。

合成の誤謬

30年余りのデフレでは、**就職氷河期世代**も生み出すことになりました。実質賃金が高まることになる**正規雇用**での採用が抑制され、名目賃金の調整が比較的しやすい**非正規雇用**の採用が増えてきたのは、デフレによる企業収益の圧迫によるところが大きいとの意見があります。

各企業にとっては、正規雇用から非正規雇用へ採用の比重を高めていくことは利潤の点で最適化につながりますが、こうした動きが多くの企業に広がっていきますと、マクロで見たときの勤労世帯の家計所得が減少し、消費も停滞してしまいます。消費の停滞は企業収益のさらなる悪化を招きますので、さらに非正規雇用が増えるという悪循環になり得るのです。

このように個々の企業や消費者の最適行動が、社会全体にとってはよい結果にならない現象を**合成の誤謬**（→9-01）といいます。

日本の家計可処分所得の推移

新型コロナウイルス感染症
緊急経済対策の特別定額
給付金による増加

（10兆円）

1990年後半から、
ほぼ増えていません

1994　1999　2004　2009　2014　2019

出典：内閣府『家計可処分所得・家計貯蓄率四半期別速報（参考系列）』より作成。

▶ 03

大胆な金融政策

　不況期には中央銀行は、**貨幣供給量**を増やして金利を低下させることで需要を回復させようとします。日本では1999年には金利をゼロ近傍まで下落させました。こうした金融緩和は、需要不足で生じるデフレにも効果があると考えられました。

　しかし世界の各国がデフレから脱却するなか、わが国のデフレはなかなか解消しませんでした。金利をゼロ近傍にしても、現金通貨を保有するだけですので、量的緩和の効果には限界があるとの指摘もありました。

　こうしたなか、伝統的な金融政策を超えた取り組みとして、掲げられたのがアベノミクスの第1の矢である「**大胆な金融政策**」です。

異次元緩和

　「物価の番人」として政府から独立して金融政策を運営する日本銀行（日銀）は、政府と密に連絡し、2013年1月に2％物価目標を導入し、4月に**異次元緩和**に着手しました。**量的・質的金融緩和**です。

　まず**マネタリーベース**（日銀が民間銀行に供給する資金）と「買い入れる資産」を大幅に増加して、自らのバランスシートを**量的**に拡大しました。特に「買い入れる資産」に対しては短期国債だけではなく、残存期間の長い国債や株式などといったリスク性のある資産も加えることで、**質的**にもポートフォリオを拡大することにしました。

黒田東彦総裁（当時）は、「2％」の物価目標をできるだけ早く実現する、そのために量の面ではマネタリーベースを「2年間」で「2倍」にし、買い入れる長期国債の平均残存期間を「2倍」以上にすると発表しました。

　伝統的な金融政策から決別し、異次元緩和に日銀が不退転の決意で取り組むことを示した瞬間でもあったのです。

物価目標の効果

　2％の物価目標には、**実質金利**が以下のように表されることが考え方の背景にあります。

実質金利＝名目金利−期待インフレ率

　政府が将来の政策方針を表明する**フォワードガイダンス（時間軸効果**とも言います）によって、人々の**期待インフレ率**を引き上げられれば、実質金利を引き下げます。そうすれば、企業投資が活発化して需要が回復し、期待したインフレ率が自己実現するとされました。

　もっとも日銀の表明を人々が信じなければ、期待インフレ率に影響を与えることはありません。人々が日銀の物価目標を信じてくれるかどうかはやってみなければわからない、という手探りの状況のなかで、量的・質的緩和が行われたのでした。

　現時点で振り返ると、2％物価目標の導入で期待インフレ率が高まりませんでした。物価目標がうまくいかなかったのは、人々の期待形成が社会慣習や商慣行のために硬直的だったとの指摘があります。

量的・質的緩和の成果

　日銀は2001年から2006年まで量的緩和を実施しており、アベノ

ミクスにおける**マネタリーベース**の拡大は、その継続とみなすことができます。2016年1月には、民間銀行の日銀への預金準備にマイナス金利を付す「**マイナス金利付きの量的・質的金融緩和**」を導入し、2016年9月には、金利水準を政策目標とする「**長短金利操作（イールドカーブ・コントロール）付き量的・質的金融緩和**」を行いました。

しかし、政策的な意図に反して、銀行から民間への貸し出しを大きく増加することはありませんでした。

金利がゼロ近傍にあるなか、銀行は貸出などを行っても金利を稼ぐことができないので、現金通貨のまま保有されてしまいました。

強力な金融緩和が継続されたにもかかわらず、銀行の貸出がさらなる貸出を生んで経済活動を活性化するといった**信用創造**が起きなかったのです。こうした状況を**流動性の罠**といいます。

日銀による株式や国債の累積買い入れ額が増加すると、取引の流動性が低下して、市場の機能が損なわれるとの指摘もありました。

他方で、異次元緩和が行われて以降、戦後2番目の長さ（2012年12月〜2018年10月）となる景気循環の山がもたらされました。この**アベノミクス景気**は、それまでの景気拡張期と比較すると、戦後最も低い実質GDP成長率ではありましたが、この時期に円高・株安が修正されることにもなりました。

アベノミクス景気の景気拡張が、どれだけ量的・質的金融緩和に起因しているのか、相関関係でなく、**因果関係**をしっかり踏まえた政策分析が求められます。

**増えるマネタリーベースと
伸びない貨幣供給量**

マネタリーベース
兆円

貨幣供給量
兆円

黒田
総裁
就任

貨幣供給量

マネタリーベース

出典：日本銀行時系列統計データより作成。

機動的な財政政策

最近の
経済財政
政策

財政政策の**景気安定化機能**とは、好況期には増税などで財政収支を黒字化させて景気の過熱を抑制し、不況期には逆に赤字化させるなど、景気の変動を長期的に抑えることとされています。

日本では、1991年のバブル崩壊後の度重なる不況と、それに対する景気浮揚策としての財政出動を重ねた結果、**政府債務の対GDP比**は250%近くになりました。

新型コロナウイルス感染拡大時においても、経済活動が制約されるなか、中小企業への給付金や、休失業への補助・手当の拡充、個人への給付金支払いなどが実施され、財政収支は大幅に悪化しました。

財政の持続可能性

財政赤字は、政府が発行する**国債**によってまかなわれています。国債とは、国が発行する債券であり、これにより国が借金をすることになります。国の借金は、最終的には将来の税収から返済されることになります。

国債の利払いや償還ができない事態になると、**財政危機**が発生する可能性が高まります。深刻な財政赤字に陥ったギリシャは2009年に財政危機を経験しました。

どれほどの政府債務があると財政危機に陥るのか、明確な基準は今のところ、学会でもコンセンサスは見出されていません。将来世代も含めた国民が、将来の増税を見通して合理的に貯蓄する（**中立**

命題）のであれば、財政赤字の分だけ国民が貯蓄をすることになるので財政危機にはなりませんが、他方で中立命題は厳密には成立しないことが実証研究でも明らかになっています。

　アベノミクスにおいて、長短期を含めた国債の保有先として日銀のプレゼンスが高まるなか、日銀が国債を実質的に引き受けている（**財政ファイナンス**といいます）とみなされるような事態が継続することは、財政規律を緩めることにもなりかねず、注意が必要です。

財政政策の新たな役割

　日本において機動的な財政政策の役割は、安倍政権以降も、ますますその重要性を増しています。本書で取り上げる DX（→1-04）にしても GX（→9-04）にしても、産業構造の変化を不可避とするような大規模かつ長期にわたる投資が民間企業に求められます。また経済安全保障という国家レベルでの課題への対応によって、民間企業が築き上げてきたグローバルなサプライチェーンを再構築する必要に迫られています。

　こうした取り組みに対して民間企業の意思決定を促すためには、政府が民間企業とともにその政策に中長期にわたってコミットすることを示すことが大切になってきています。会計年度ごとに歳出と歳入を一致させるという**単年度主義**に拘らない、柔軟な予算の見通しを示すことで、関連分野における投資や人材が集まることにもなります。

　もちろん中長期にわたる政策が、当初の政策立案時の思惑通りに進むとは限りません。長期にわたる政策だからこそ、EBPM（→1-07）に基づいて、進捗確認を行い、不要な政策は途中で改廃するなど、必要な軌道修正を迅速かつ大胆に行うことで、財政規律をきかせることを前提とすべきでしょう。

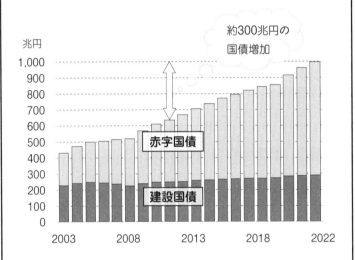

増える国債残高

約300兆円の
国債増加

出典：財務省「最近20カ年間の年度末の国債残高の推移」より作成。特例国債を赤字国債と表示。

▶ 05

アベノミクスの
経済効果

　2012年12月から2020年8月までの7年間における第2次安倍政権でのアベノミクスの経済効果をGDPで見ると、名目では年率1.6%、実質では年率0.9%の成長であり、GDP成長率では特に目立った成果はないといわれます。

　しかし、企業の売上高で見ると、同じ7年間において全産業では年率3.5%、製造業では年率3.0%の伸び率を見せ、企業収益は大きく改善しました。デフレ脱却はなりませんでしたが、世界的な好景気や為替の円安化なども企業業績の好転に貢献したものと思われます。

なぜ個人消費が伸びないのか

　他方で第2次安倍政権では、2014年4月に17年ぶりの**消費税**を5%から8%に引き上げ、さらに2019年10月に10%（食料品などは軽減税率8%）に引き上げました。消費税引き上げは駆け込み需要を喚起したものの、アベノミクスにおいて個人消費は力強さを欠いていたというのが一般的な見方です。

　この点は、**アベノミクス景気**が、戦後で2番目に長い景気拡張期でありながら、多くの国民がアベノミクスの恩恵が自らに及んでいないと世論調査にて回答していたことからもわかります。

　個人消費が伸びなかったのは、家計の**可処分所得**が増えなかった（→4-02）ことが原因として考えられます。景気の好転で**人手不足**が深刻化していたにもかかわらず、国が生み出す付加価値に占める

人件費の割合（**労働分配率**）が低位だったことが１つの理由と思われます。

　労働需給がひっ迫しているにもかかわらず、賃金が上がらないのには、様々な説があり、未だコンセンサスが得られていません。理由として、**非正規雇用**の拡大や社会保障負担の増加、そして労働者の雇用者に対する交渉力の低下などが挙げられます。

アベノミクスの今後

　アベノミクスの３本の矢が打ち出されてから10年以上が経ちました。世界各国は2021年以降、記録的なインフレに見舞われるなか、量的緩和の縮小へと金融政策を転換しました。

　他方で日本では、アベノミクスが始まった2012年以降、2022年時点までに国の債権は約300兆円増加し、長期化する超低金利のもとで、財政規律が緩んでいるのではないかとの指摘があります。そうしたなか、ロシアによるウクライナ侵攻前から、輸入する石炭やLNGなどのエネルギー価格の高騰によって、日本でも物価がようやく上昇しました。

　日本政府の長期債務残高がGDPの３倍近くに上り、これまで継続してきた量的・質的緩和政策の修正は、長期金利を上昇させれば、抑制されてきた政府の債務利払いを激増させる懸念があります。

　アベノミクスのもとでの、大胆な金融政策と機動的な財政政策の経験を踏まえて、中長期的な経済・財政運営の展望を改めて見直す必要があります。大規模な累積債務を抱え、超低金利に慣れ切ったなかで、正常な金融政策とはどのようなものなのか。財政破綻を回避するために必要な財政規律とは、どのようなルールに基づくものなのか。アベノミクス検証とあわせて、新たな目線での政策論議が求められるでしょう。

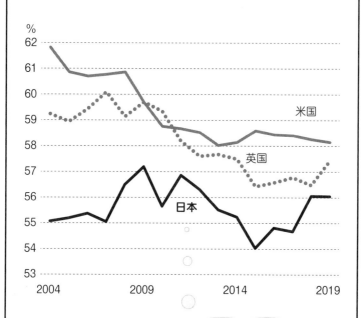

30秒でわかる! ポイント

低迷する労働分配率

日本の給与所得者の平均給与は
1997年の467万円から減り続け、
2015年には420万円に。

出典：労働分配率はInternational Labor Organization, *Statistics on Labour Income and Inequality*より作成。日本の給与所得者の平均給与は国税庁『民間給与実態統計調査』による。

▶ 01

産業保護と
輸入代替

産業発展の過程では、**輸入代替政策**と**輸出促進政策**の2つが主に議論されてきました。輸入代替政策は、輸入関税を課して国内産業を保護することで、輸入に代替するような国内産業の育成を目指す政策です。輸出振興政策は次節で説明します。

輸入代替政策は、**産業政策**（→3-02）の手法として用いられました。海外からの輸入に対して**関税**を課すことで、国内企業を保護して育成する（**幼稚産業保護**）という政策です。輸入代替政策は、**衰退産業**を円滑に退出させる政策としても活用されます。

この政策の問題は、国内企業はひとたび保護を受けると、その保護から独り立ちすることが難しい点にあります。

以下では、2つの事例を取り上げて、輸入代替政策のメリットとデメリットを明らかにします。

再生可能エネルギー普及政策

再生可能エネルギー（**再エネ**）とは、太陽光や風力のように自然に存在するエネルギーを指します。石油や石炭といった化石資源と異なり、エネルギーを利用しても**温室効果ガス**（**GHG**）を排出しないことに特徴があります。

日本では、1970年代の**石油危機**（→3-03）の経験から、国産エネルギー比率を高めることを目的に再エネのなかでも太陽光発電の育成に力を入れてきました。2012年には、**固定価格買い取り（FIT）制度**を導入し、電気料金から徴収された FIT 賦課金を再エネ発電

事業者に支払うことで、再エネ導入を拡大しながら、国産の太陽光パネルを育成し、海外展開を目指しました。

こうした国産パネルを優遇する措置があったものの、賦課金を受け取ろうと、中国など海外から競争力のある安価なパネルが大量に流入することになってしまいました。この結果、再エネは普及しましたが、国産太陽光パネル産業は壊滅してしまいました。

あまりに競争力に劣る国内産業を輸入代替政策で保護することの課題を浮き彫りにした事例といえるでしょう。

緊急関税制度

緊急関税制度（**セーフガード**）とは、予想外の輸入の急増によって、国内産業が重大な損害を受けることを防ぐために、緊急に割増関税を課す制度です。最近では、米国からの鉄鋼輸入に対して欧州が緊急関税を課しました。日本でも中国からの畳表やねぎなどの輸入に対して緊急関税を課した実績があります。

緊急関税を課すことは、衰退産業の**産業構造転換**のスピードを緩やかにするだけでなく、労働者の再雇用などをスムーズに行う効果があるとされています。

他方で、緊急関税が課される限り、産業が輸入による競争から保護されることから、緊急関税の延長・再延長を求め続ける事例が多く見られます。緊急関税に**サンセット条項**がしばしば入っているのは、割増関税を一時的なものとすることで、業界関係者に**産業調整**に真剣に取り組んでもらう意図があります。

最近では、**経済安全保障**（→5-05）のように国内での安定的な供給の維持を目的にする政策がとられ始めています。保護のみを通じて産業を守ることが難しいことを念頭に政策立案がなされるべきでしょう。

国内産業を保護救済するための関税制度

緊急輸入関税（セーフガード）

予想されない事態の変化によって増加した輸入貨物に対して課される関税

相殺関税

輸出国から補助金を受けた貨物に対して課される関税

アンチダンピング関税

輸出国内の販売価格よりも低い輸出価格で販売（ダンピング）されている貨物の輸入に対して課される関税

これらの関税は**貿易救済措置**として正当に課すことができる**特殊関税**ですが、以下の要件を満たす必要があります。

1．国内産業が輸入貨物によって**損害を被っている**こと。
2．輸入貨物における「輸入貨物の予想しがたい増加／補助金／ダンピング」の存在。
3．1と2の間の**因果関係の立証**

輸出促進政策

　輸出促進政策は、国内産業の輸出を政策的に後押しすることを目的にしています。

　国内市場が少子高齢化・人口減少などで縮小傾向にあるなか、成長が見込まれる海外市場に目を向けることは、国内における生産基盤を維持・拡充するだけでなく、技術・ノウハウの継承の観点からも意義があります。

インフラ・農産物分野の事例

　例えばインフラ分野では、日本の**質の高いインフラシステム輸出**を目指して、**官民一体**となった取り組みを行っています。農産物についても、海外市場への輸出拡大を目指しています。

　インフラにしても、農産物にしても、これまでは国内市場向けに供給してきました。輸出は、あくまで国内市場向けの供給に余力があれば行うといった程度の意識しか、関係者の頭のなかにはなかったものと思われます。日本の国内市場の規模がそれなりに大きかったがために、輸出を行うことによる**機会費用**が大きく、輸出に注力することができなかったのでしょう。

　しかし新興国を含めて海外市場での競争が激化するようになり、国内市場の延長線上で日本の企業が海外市場を捉えることでは、海外市場で成功しづらくなっています。国内仕様をそのまま海外に輸出する**プロダクト・アウト**の発想ではなく、現地でのニーズを的確に拾いながら、生産を海外仕様に合わせる**マーケット・イン**の発想

が求められるといわれます。

協調の必要性

　海外市場への輸出は民間企業による活動です。しかし海外市場での事業リスクの管理や、相手国政府との交渉など、政府の果たす役割も大きいと期待されています。

　インフラの海外展開は、例えば鉄道であれば、単に車体を輸出するということに留まるものではありません。鉄道計画の案件形成から施設整備・運営まで、コンサルや各種メーカー・金融機関が一体となって協調するような長期にわたる取り組みが求められています。

　農産物の輸出においては、各産業者や自治体が、それぞれ独立に海外での販売を行うと、**共喰い（カニバライゼーション）** を起こしてしまい、日本の国としての農産物に付加価値をつけた輸出ができなくなるともいわれています。

　このように海外展開には、国内企業や政府・自治体の相互の協調が欠かせません。関係者をつなぐ**輸出プラットフォーム**も形成されています。

　例えば農作物では、**GFP（農林水産物・食品輸出プロジェクト）** が知られています。コミュニティサイトを通じて生産者に輸出による販売を提案したり、生産者に対して商社やコンサルタントから具体的な情報提供を行ったりしています。

　なお、「日本産ブランド」を形成・強化するための生産者間の協調は、輸出におけるカルテル（→11-02）にも見えます。一般的に輸出カルテルは、一定の範囲で独占禁止法の適用を受けないことになっています。しかし国内の消費者に対してブランド価値を維持するための協調行為は厳しい制限が課せられており、個別事案ごとの精査が不可欠とされています。

輸出促進策

プロダクト・アウト

日本のものを
そのまま海外へ

マーケット・イン

現地に合わせた開発を行う

カニバライゼーションを起こす!

海外市場での需要の取り合いは日本としてはもったいない!

日本

A県　VS　B県

世界に向かって
「日本ブランド」確立!

経常収支黒字・
赤字の認識

　経常収支には、財の輸出入を計上する**貿易収支**とサービスを計上するサービス収支、そして直接投資などから得られる配当・利子を含む（第一次）**所得収支**が含まれます。

　海外に輸出した分だけ、海外に資金を貸し出していることになるので、経常収支の黒字は、**資本収支**の赤字となります。

　一般に経常収支が黒字であるとは、消費する以上に生産をしているので、収入が支出を上回るという貯蓄超過になっていることとなります。

経常収支の構造変化

　日本の経常収支は、1960年代以降、黒字幅を拡大させてきました。米国の経常収支はドル高・円安を背景に大幅な赤字となり、**経常収支不均衡の拡大**が大きな問題になりました。日本は、テレビや鉄鋼、自動車などで**対米貿易摩擦**を起こし、多くの製品で**輸出自主規制**を余儀なくされました。

　1985年の**プラザ合意**では、主要国によるドル売り介入が行われ、大幅な円高となりましたが、コスト削減など企業の合理化努力もあって、**経常収支不均衡**は依然として続きました。そこで、日本の貿易黒字を解消するために、日本市場を開放すべきとか、内需拡大をすべきと国内外から指摘をされるに至りました。

　結局、内需拡大をするための拡張的な財政・金融政策が行われました。しかし、この拡張的な政策がその後の**バブル**を生み出しまし

た。これが「**失われた30年**」の原因の1つを作ったといわれています。

バブルとは

ここでバブルについて簡単に触れておきます。日本では1980年代後半から土地価格が上昇し、**不動産バブル**や**土地バブル**といわれました（→3-03）。バブルとは、不動産であれば、不動産を賃貸にすることなどで将来的に得られる収入からは説明できないくらいに、不動産の市場価格が高騰している状況を指します。

本来の不動産の価値（**ファンダメンタルズ**）から市場価格がなぜ大きく乖離するのかについては、様々な説明がなされています。なかには、不動産価格に対する人々の値上がり期待が自己実現しているというものがありますが、トートロジカル（同義反復的）な説明もあり、まだバブルを防止する最適な方法論が見つかっていない状況と思われます。

東日本大震災以降の経常収支

2000年以降も日本の経常収支は黒字でしたが、東日本大震災以降は、貿易収支は赤字に転じています。貿易赤字の要因としては、化石燃料の輸入超過に加えて、「失われた30年」の間に日本の潜在成長率が低下した点も指摘されています。

またこの期間において、企業は生産拠点を海外に移転するなどしたことから、所得収支の黒字が貿易黒字に代わって増えていることが見て取れます。

2021年以降、ドルに対して円安が進行したなかで、量的金融緩和政策の動向によっては、生産拠点の国内回帰も見られるようになるのか。今後の展開に目が離せない状況が続きそうです。

30秒でわかる！ポイント

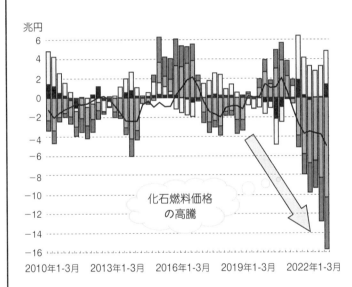

日本の貿易総額と輸出入の増減
（前年同期比）

兆円

凡例：
- ■ 輸送用機器
- □ その他の輸出
- ▨ 化石燃料
- ▨ その他の輸入
- — 貿易収支

化石燃料価格
の高騰

2010年1-3月　2013年1-3月　2016年1-3月　2019年1-3月　2022年1-3月

出典：財務省『貿易統計』より作成。下向きの棒グラフは輸入となる。

円安と交易条件

　同じ輸出に対する収入でどれだけの輸入ができるかを表す指標が**交易条件**です。

　例えば1台の車を500万円で日本からオーストラリアに輸出し、オーストラリアからは1000ドルの携帯端末を輸入しているとしましょう。為替レートが1ドル100円であれば、車は5万ドルですので、携帯端末を50台買えます。しかし円安となり1ドルが200円になると、携帯端末を25台しか買うことができません。

　このように円安は、円の購買力を減少させることから、交易条件を悪化させます。

悪い円安？

　これまで日本では、円安になれば、外貨ベースでの輸出価格が安くなるので、輸出数量が拡大し、輸出企業の収益や株価を押し上げるとされてきました。日銀は2013年から量的緩和政策を開始し、円は2011年に最高値（1ドル75円）をつけてから大幅に減価し、2022年10月には1ドル150円を超える場面もありました。

　しかし円安が景気を上向けて賃上げにつながるという姿にはなっていません。理由の1つに、度重なる円高を経験した日本企業は、海外へ生産拠点を移転するなどして、為替レートの変動に収益が大きく左右されない生産構造になったとの見方があります。

金融政策と為替動向

さらに、円安に加えてコロナ禍におけるサプライチェーンのひっ迫やウクライナ情勢に伴うエネルギー価格の上昇もあり、2021年半ば頃から世界的にインフレが進みました。

海外の中央銀行はインフレ抑制のために利上げを始めていましたが、日本は**量的緩和政策**を継続したことから、円安が2021年後半から進行し始めました。

円安は依然として輸出企業の収益増ですが、**貿易収支**を大きく変えるほど輸出は増えていません。しかし円安が長く続くとなれば、国内に生産を回帰させる日本企業も出てきたり、**対内直接投資**が増えたりすることにもなります。

人材不足に加えて円安は、日本国内の原材料や資材価格と高騰させます。他方で、日本銀行が金融政策のかじ取りをどのようにするのかにも為替動向は大きく影響を受けます。

中長期的な為替レート

このように為替レートは様々な要因で揺れ動きますが、中長期的には同じ商品の価格は世界中で同じ価格になるという**一物一価の法則**が成り立つという考え方があります。この法則に基づき、二国間の交換為替レートが決まるというのが**購買力平価仮説**です。

この考え方に基づき、英国エコノミスト誌は、ビックマック指数を公表しています。世界中で店舗を展開するマクドナルドで売られるビックマックは、全く同じ原価と材料で売られているとの前提のもとで、各国で売られているビックマックの価格から購買力平価を計算しているのです。この価格から実際の為替レートが乖離しているときは、為替レートが何かしらの理由で均衡から外れているのではないかと考えるきっかけになるわけです。

円為替相場の推移
（対米ドル）

円／1.00米ドル

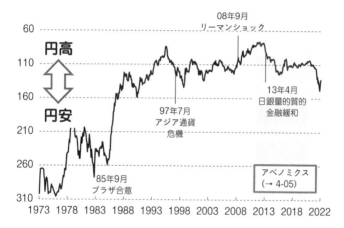

出典：日本銀行時系列統計データより作成。

経済安全保障と経済連携協定

　WTO（世界貿易機関）はグローバル化が進展するさなかの1995年に GATT の後身として発足し、自由貿易を推進してきました。

　しかし WTO 加盟国が増える過程で、先進国と途上国との間での貿易に関する利害がしばしば衝突し、WTO での貿易・投資の自由化に向けての交渉が長い期間、ストップしてしまいました。

　新たな貿易・投資の枠組みが求められるなか、いくつかの国・地域は**経済連携協定（EPA/FTA）**を結ぶようになり、貿易投資の自由化が限定された地域で進められるようになりました。今や日本も、20以上の国や地域と EPA/FTA を締結しています。

　そのなかには日本が主導的な役割を果たしてきた**TPP**（環太平洋パートナーシップ）協定や、中国や**ASEAN**諸国を含んだ**RCEP**（地域的な包括的経済連携）協定、米国が提唱した**IPEF**（インド太平洋経済枠組み）も含まれています。

　経済連携協定は、協定外の国の交易条件を低下させる効果（**貿易転換効果**）があります。つまり経済連携協定内での貿易自由化が、非協定国の相対的な国内価格を上昇させる効果を持つのです。

　そこで隣国の経済連携協定の締結がきっかけとなって、乗り遅れないようにと協定を結ぶ国や地域が拡大する**ドミノ効果**が期待されました。限定的な地域で始まる経済連携協定が、WTO の目指す世界的な自由貿易につながっていくと見られていたのです。

米中技術摩擦とウクライナ危機

WTO が目指す自由貿易体制の推進は、同時に民主主義を促進するものとも考えられていました。しかし2010年代の**米中の技術摩擦**をきっかけにして、民主主義体制と権威主義体制の国々の間での**地政学的な対立**が生じました。

華為技術（ファーウェイ）など中国企業に対する**経済安全保障上**の懸念の高まりや、**人権侵害**への対応として中国に対する貿易制限が課せられました。ロシアの**ウクライナ侵攻**は、ロシアに対する累次の制裁措置につながりました。

あわせて、新型コロナウイルス感染拡大のなかでのマスクや防護服の不足を通じて、グローバル化における企業の利潤動機に基づくサプライチェーン形成は、ときとして特定の国や地域に過度に調達を依存する結果、**供給リスク**に晒されやすいことも顕在化しました。

経済安全保障のあり方

国内における重要な物資の**安定供給**を確保しながら、特定の同盟国などとの交易を深化させていくという点で、経済連携協定と近い動きに見えます。

経済連携協定は、グローバルな自由貿易に近づくための**ステッピング・ストーン**（第一歩）が目指されましたが、経済安全保障は非同盟国とのサプライチェーンの後退を意味する点で、**ブロック経済化**への一歩とも捉えられかねません。また経済安全保障が、安定供給の名のもとで、特定企業や産業を救済したり保護したりすることで、**経済の新陳代謝**を遅らせる可能性もあります。

経済安全保障上の措置が、第2次世界大戦を引き寄せたような**保護主義**につながることのないよう、しっかり国民が民主主義のなかで監視することが求められます。

アジア太平洋地域における経済連携

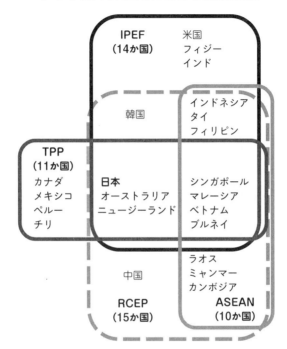

IPEF
(14か国)　米国
フィジー
インド

韓国

インドネシア
タイ
フィリピン

TPP
(11か国)
カナダ
メキシコ
ペルー
チリ

日本
オーストラリア
ニュージーランド

シンガポール
マレーシア
ベトナム
ブルネイ

中国

ラオス
ミャンマー
カンボジア

RCEP
(15か国)

ASEAN
(10か国)

他方で、ブロック化のリスクを避ける努力は必要

特定の国のみと
連携を強めすぎると…

国際間の火種にも…

第 3 部

ミクロ
経済政策

▶ 01

日本型雇用 システムの 課題

　日本が高度経済成長を遂げていたとき、**日本型システム**の特殊性の１つとして注目されたのが雇用慣行です。その特徴は**長期雇用**と（査定に基づく）**年功賃金**といわれています。

日本型雇用システムの特徴

　日本では、欧米のように**職務（ジョブ）**を切り出さず、企業の中のすべての職務を一括して雇用契約するところに特徴があります。**新卒一括採用**で正社員に安定的な雇用を提供しつつ、雇用契約が職務を特定していないために、**企業内教育（OJT）**で人材育成を行うことにつながりました。この点を指して労働政策研究・研修機構（JILPT）の濱口桂一郎所長（現在）は「**メンバーシップ型雇用**」と呼んでいます。

　勤続年数が短い段階では、賃金を安めにし、勤続期間が長くなるにつれて賃金を高めにすることで、同じ企業で長期間働くためのインセンティブを労働者に与えました。同時に勤続年数が上がると企業の人件費負担が増えるので、**定年制**を設けて負担の上昇に歯止めをかけたと考えられます。

日本型雇用システムの限界

　バブル崩壊後、低成長の時代に入り、労働者の高齢化も進展すると、すべての労働者に対して、年功賃金を保証することが困難になりました。

企業は正社員に対しては従来の雇用慣行を維持しながら、低賃金の**非正規労働者**の割合を増やすようになりました。1993年から2004年にかけて新卒だった学生の多くは、困難な就職活動を強いられ、非正規雇用として雇われることになりました。**就職氷河期世代**を生み出すことになったのです。

　その後、雇用環境は好転と悪化を経験しつつ、**アベノミクス**（→4-01）では、新卒者の雇用環境が大きく改善しました。しかし既卒者については、非正規雇用から正社員への転換が一部進んだものの、**新卒一括採用**の雇用慣行のなかで不利な状況に置かれました。

　人手不足のなかで、女性や高齢者のニーズにかなう形での**非正規雇用**も拡大しましたが、他方で賃金は伸び悩むこととなり、**デフレ脱却**（→4-02）の足かせにもなりました。

転職市場の活性化

　技術進歩が激しいデジタル分野の動向や、地球温暖化や人権問題などを含む経済安全保障に対する対応、グローバルな経済環境の変化など、企業が対応すべき課題が目まぐるしく変化しています。

　こうしたなかで、日本型雇用システムのよい点を生かしながらも、専門的な人材を外部から中途採用するなどの取り組みが求められます。

　転職市場は求人者と求職者が互いに**マッチング**を求めて**サーチ**（**探索**）する場です。デジタル化の世界では、転職市場はマッチングの**プラットフォーム**（→11-04）を形成します。

　成長分野や人材不足の分野への労働移動を進めるには、転職市場をいかに活性化させるかがポイントになります。まずは、労働移動や多様な働き方に**中立的**な人事制度設計を民間企業に促しつつ、税制や社会保障制度の見直しを検討することが求められるでしょう。

日本型雇用システムの特徴

終身雇用
定年まで 働き続ける

年功賃金
賃金が年齢とともに 上昇する

新卒一括採用
正社員に新卒が 雇用される

企業内教育
オン・ザ・ジョブで 訓練する

メリット
・新卒であれば、経験 　がなくても雇用さ 　れる。 ・安定的な雇用の維持

デメリット
・仕事の内容や労働時 　間などが曖昧になり 　がち。 ・キャリアのやり直し 　が難しい

教育・リカレント政策

　教育は**人的資本**を蓄積することと定義できます。労働経済学の分野では、人的資本が生み出す生産性の指標として賃金に着目し、学歴に応じて賃金がどれだけ変化するかを分析する多くの実証研究が存在します。

人的資本と外部性

　教育によって人的資本が蓄積され、それが将来の個人の高い賃金につながるのであれば、教育費は教育を受ける個人の責任でまかなうべきとの意見があります。しかしこれでは、所得の乏しい家庭に生まれた子は、その家庭に教育費を支払う能力がなければ、教育を受ける機会さえも与えられないことになりかねません。階層の固定化を避けるためにも、教育アクセスが教育費負担を理由に妨げられることのないよう、政策による対応が求められます。**教育の無償化**はそうした政策対応として位置づけられます。

　なお教育費にどれだけの補助を与えることが政策として適当なのかは、教育が収入増などの個人の便益を超えて、どれだけ社会に便益をもたらすかに依存します。つまり、教育がどれだけの**正の外部性**をもたらすかということです。この外部性の大きさを定量的に計測することは未だに難しい課題で、研究の最先端となっています。

　新しい産業や事業分野に適した能力を身につけるために、社会人の**学び直し（リカレント教育）**や**リスキリング**（新しい職業に就くために必要なスキルの獲得）がますます重要です。労働市場が流動

化すると、企業は離職するかもしれない人材への投資に対して選別的になるものと考えられます。成長分野の求人に適切な人材を**円滑にマッチング**させるために、デジタル技術のような企業横断的なスキルを獲得するための**公的職業訓練**の重要性も増しています。

学歴の役割

労働市場において**学歴**が重要な役割を果たしているとの見方があります。雇用主にとって求職者がどの程度の能力を持っているのかは最大の関心事ですが、求職者の能力を第三者が正しく推測することは容易ではありません。

求職者の自己申告にどれだけの信頼性があるかは疑問ですし、加えて短時間での試験や面接で求職者の能力を正しく判断することは困難です。このように雇用主と求職者の間に**情報の非対称性**（→第10章）があるときに、能力に代替する客観的な指標（**シグナル**）が使われることがあります。

労働市場でしばしばシグナルとして使われるのが**学歴**です。入学倍率の高い大学に入るには、相当の能力があるはずなので、そうした大学を卒業したのであれば、在学中も人的投資を蓄積して、高い能力を保持している可能性が高いだろうという推察が働きます。こうした推測のもとで採用を行えば、学歴による不平等が生じます。これを**統計的差別**といいます。

しかし、就職すれば次第に労働者の能力も雇用主に明らかになります。雇用主が学歴から期待する能力と現実のずれが、個人差を勘案しても大きいと判断されれば、学歴はもはや能力のシグナルとして機能しなくなります。

公的職業訓練の全体像

公的職業訓練には主に雇用保険の受給者が対象になる**公共職業訓練**と、雇用保険の受給者でない求職者も対象となる**求職者支援訓練**

があります。

　公共職業訓練は、離職者のみならず在職者や学卒者にも提供されており、実施主体は高齢・障害・求職者雇用支援機構（JEED）が運営する**ポリテクセンター**、都道府県の**職業能力開発校**、そして都道府県から委託を受けた民間の教育訓練機関がそれぞれ実施をしています。

公的職業訓練の効果

　EBPM（→1-07）の観点から行われた効果検証では、離職者に対して実施される公共職業訓練において、再就職や他産業への**労働移動**を促す有意な効果が見られています。

　公的職業訓練の受講者数は失業者の数によって増減してきました。最近では、再就職や転職、スキルアップを支援する**給付金**などの制度も充実してきています。

　すべての働く人々に対して、公平・公正な人材育成の機会を提供しながら、スキルによる格差や分断を回避していくためにも、公的職業訓練に期待される役割はますます高まっているといえます。

公的職業訓練の全体像

公共職業訓練	
離職者向け	主な対象： 　ハローワークの求職者(主に雇用保険受給者)
在職者向け	主な対象： 　在職労働者(有料)
学卒者・障がい者向け	学卒者向け 主な対象：高等学校卒業者等(有料) 障がい者向け 主な対象：ハローワークの求職障がい者(無料)

求職者支援訓練
主な対象： 　ハローワークの求職者(主に雇用保険を受給できない方)

出典：厚生労働省『ハロートレーニング（公共職業訓練・求職者支援訓練）の全体像　https://www.mhlw.go.jp/content/11800000/000869745.pdfより作成（アクセス日：2022年11月16日）

▶ 03

高齢者雇用

　人口の少子化と高齢化のなかで、**日本型雇用慣行**の１つである**定年制**を維持し続けていくと、生産労働人口は減少していくことになります。

　そこで定年制を見直して、働く意思と能力のある高齢者に対して、いかにして適切な労働環境を提供するかは、労働政策の重要な課題の１つとなります。

　政策としては、定年年齢（60歳以上）を超える高齢者の**労働力率**をいかに引き上げるか、と言い換えられます。なお日本では就労可能となる15歳以上の人口のうち、労働力人口（働く意思のある就業者と失業者の合計）が占める割合を**労働力率**といいます。

　もちろん雇用は、使用者と労働者との間の契約で成り立つもので、政府から強制されるべきものではありません。あくまで労使双方が高齢者雇用を希望する場合において、その希望を制度や規制が妨げているのであれば、改善することが政策として望まれるということです。

高齢者雇用の論点

　高齢者雇用については、そもそも雇用の是非を年齢で決めることを問題視する見方や、高齢者雇用によって若年者の雇用が進まなくなるといった指摘もあります。

　日本においてはまだ定年制を差別として禁止する議論は海外ほどには高まっていませんが、働く意欲のある人が能力のある限り、そ

の能力に応じて働ける社会の実現を目指すうえで、高齢者雇用のあり方について議論を継続することが大切です。

機会費用の重要性

高齢者雇用にあたってのポイントは、需要側と供給側における**機会費用**が何かを意識することです。労働の供給側から考えてみましょう。

高齢者が就労するにあたり、就労することで失う**機会費用**の一つに、公的年金（→7-04）の給付があります。働くことで失う年金額が大きければ、その分だけ就労参加の金銭的な面での意欲がそがれます。

公的年金支給が就労参画の意欲に中立的になるように、支給開始年齢の選択制を設けたり、勤労収入に応じて年金が繰り延べられたりする仕組みが求められます。

日本では、**高齢者雇用安定法**などによって、こうした環境整備が着実に進んできています。

キャリアや経験とのマッチング

労働の需要側の視点では、高齢者の機会費用は、若年者雇用が進まなくなる怖れにあります。そこで重要なのは、高齢者のキャリアや経験、体力などにあった仕事を、どううまくマッチングさせるかという点だと思われます。

人材不足が深刻化するなかで、高齢者も参画できるような中途採用や副業の市場における流動性が高まってくることがのぞまれるでしょう。

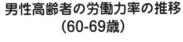

男性高齢者の労働力率の推移
（60-69歳）

2006年：65歳まで
高年齢者雇用確保
措置義務化

義務化に伴って、60-64歳の労働力率は
70.9%（2006年）から85.7%（21年）へ増加。
加えて、65-69歳も増加（47.6%から62.8%へ）

出典：総務省『労働力調査』長期時系列データ（基本集計）、年平均結果－全国より作成。

▶ 04
女性のさらなる労働参画

　日本における女性の**労働力率**（→6-03）は、1960年代までは、海外と比較しても高い水準でした。第1次産業（農業）の就業者割合が20〜30%ほどあり、零細農家が多い日本では、家族が総出で仕事をする家族経営が中心だったことから、女性の労働力率が高かったと考えられています。

　その後の高度成長のなかで、都市への人口流入が続き、都市部での就業者割合が増えていきました。結婚や子育てを機に退職し、子どもが独り立ちするようになると、夫の所得を補完するために、非正規雇用の形で再就職する女性が増えました。

　そこで女性の労働力率は、30歳代くらいを底とする**M字カーブ**を描くといわれてきました。

女性を取り巻く環境の変化

　日本の女性の労働力率は、日本の人口が減少局面に入った2010年頃から急速に高まりました。2020年には70%と欧米を超えるレベルにまで至っています。

　近年においてはまだ出産時に離職する人は多いものの、**育児休業**などの子育て支援政策の充実や、待機児童をなくすことを目標にした**保育園の拡充**が行われるなど、女性の労働参画を促す環境整備が進んだことが労働供給側の要因として指摘されています。こうした取り組みは、女性が労働供給を行う上での**機会費用**を低減する取り組みとして捉えることができるでしょう。

労働需要側では、医療や介護など女性を多く雇用する職場での人手不足が深刻化してきた点が挙げられます。

また2022年より産後パパ育休（出生時育児休業）も創設されました。こうした環境面での変化を背景に、**M字カーブ**の30歳代でのくぼみは解消しつつあります。

他方で、公的年金における**配偶者控除**の現行の仕組みなど、女性の労働参画を妨げるような社会保障制度が日本に残存していることが指摘されています（→7-03）。

ダイバーシティ経営

ダイバーシティ経営に対する取り組みが世界的に進んでいます。例えば米国の証券取引所ナスダックでは、女性や人種的なマイノリティの取締役登用を義務づけ、情報開示を求める上場ルールを2021年に設定しました。

女性を含む役員の多様性（**ダイバーシティ**）を経営において確保する企業は、成長機会が高く安定しているという指摘も見られます。なおダイバーシティには、女性だけでなく、障がい者や高齢者、外国人などを含めて、様々な観点での多様性を包摂した概念であることに留意が必要です。

経営の質的向上を

少子化や高齢化に対する対応と捉えるだけでなく、企業経営の質的な向上につなげる視点が求められます。実証研究においても、女性管理職が増えるとイノベーションが活性化したり、業績が伸びたりという分析結果が見られます。こうした分析に基づけば、単に女性管理職を増やせば、企業が成長すると考えられがちです。

企業経営の質という観点から、女性のさらなる労働参画のあり方や工夫について、もっと知見を蓄積していく必要があるでしょう。

女性の労働力率の国際比較

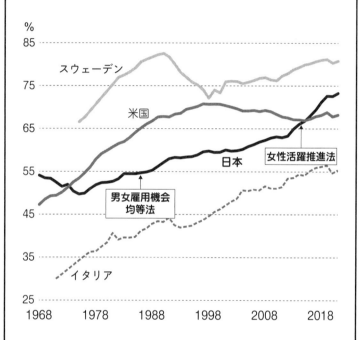

出典：ILOSTAT Labor Force Statistics, "Labor force participation rate by sex and age (%), Annual, female, youth, adults:15-64" より作成。
https://www.ilo.org/shinyapps/bulkexplorer16/?lang=en

▶ 05

働き方改革

　日本型雇用システムでは、**残業**による長時間労働が、好況期だけでなく、不況期においても往々に見られました。

　こうした雇用環境を改善すべく、働きやすい職場環境を作ることを目的に、政府主導で大きく2つの柱からなる**働き方改革**が進められています。

働き方改革の2本柱

　第1は、**残業労働の上限規制**です。これまで労働基準法では**三六協定**によって、法定労働時間を超える残業が容易になっていました。これに対して、原則月45時間の残業時間の上限が2019年4月から課せられるようになりました（ただし中小企業は2020年4月から）。

　第2は1990年代後半以降に増えてきた派遣や請負、アルバイトなど非正規雇用への対応として**同一労働・同一賃金**を進めることです。

　人件費の抑制や、解雇が困難な正規雇用に代わる雇用調整可能な人材として非正規雇用が増加しました。

　なかには正社員と同じ働きや責任を持つ非正社員もおり、待遇面での不合理な差があることが指摘されていました。もちろん異動や転勤などの命令を受ける正社員と、職務が限定されることが多い非正社員とで同一労働を確認することが困難なこともあります。

　2020年4月からは、正社員と非正規雇用労働者との間での不合理な待遇差を禁止することが求められています（ただし中小企業は

2021年4月から）。

DXの推進

コロナ禍においてテレワークが普及し、個々の労働者にとっての多様なニーズを反映した**ワークライフバランス**が実現しました。他方で、家庭でのテレワークは、職務時間中に私生活の用事が入ることは避けがたいですし、逆に仕事と私生活との境目があいまいになることで、長時間労働が深刻化する懸念も指摘されました。

テレワークは、雇用主が労働者の勤怠管理や業績評価をいかに行うか、新たな課題を提起しましたが、同時に、AIやDXの社会実装が進展するのに伴って、デジタルツールを活用して問題を発見・解決できる人材の重要性が増しています。

副業・兼業など**多様な働き方**が広がるなかで、働く人たちの能力開発の機会をどのように充実させていくのか、労使のコミュニケーションをどのように確保していくのかも、新たな課題になっています。

社会の均衡の確立を

働き方改革は個社のみの取り組みでできるものではありません。発注者が、金曜日の夜に業務を発注して、月曜日の早朝に納期を求めるようでは、受注者の働き方改革は進みません。

「これまでの働き方の社会」から「働き方改革が実行される社会」へと、社会で確立した**均衡**を移行させる大事業が、働き方改革の成果といえます。

▶ 06

雇用形態の多様化

　コロナ禍のさなかに、宅配ビジネスが流行りました。宅配プラットフォームを通じて、特定のお店から宅配を依頼すると、プラットフォームが宅配人をマッチングさせて届けてくれます。またインターネットでの業務の受発注（**クラウドソーシング**）も広がりました。

　このように個人が、自営業者として、雇用によらず、本業あるいは副業として働くことを**雇用類似**の働き方、あるいは**フリーランス**と呼びます。

フリーランスの働き方

　個人の働き方がDXを通じて多様化し、柔軟な働き方が拡大するなかで、プラットフォームを通じた業務受委託において、個人が買い叩かれたり、搾取されたりといったケースが聞かれるようになりました。

　例えばプラットフォームを通じて依頼を受けて配達している途中で宅配人が事故にあっても、宅配人はプラットフォームと雇用関係にないので、個人の責任で事故対応を行わざるを得ません。

　この点は、11-04で紹介するように、プラットフォームが**買い手独占**の地位にあることを利用して、フリーランスに対して優越的な交渉力を行使しているのではないかと疑われます。

　こうした交渉力の劣位を補うために、働き手の人たちが連帯して**労働組合**を形成し、交渉力を高めたり、働き手の保護を法制化したりする動きが各国で見られます。

▶ 07

外国人労働者の
受け入れ

　少子化と高齢化が進行する日本において、より多くの外国人を国内に受け入れることが解決策になるという指摘があります。

　外国人を国籍で定義するのか、出生地で定義するのかで、対象となる外国人の範囲も異なりますが、日本は、永住を目的にする外国人を受け入れていない点で、移民政策をとってはいないといわれています。

　日本は**技能実習**に加えて、国内で人手不足が深刻な産業分野において、一定の技能を持つ外国人を受け入れる制度（**特定技能**）を開始しています。

　国内の人材が高学歴化するなか、人手不足の分野には、低賃金・低技能の分野もあると考えられます。人材不足であれば低技能でもよいとするのかどうかで、国内の雇用環境に与える影響は大きく異なります。

ジョブ・マッチング

　求人のニーズと求職のニーズの間には**情報の非対称性**があり、外国人労働者の場合には特に深刻であると考えられます。こうしたニーズにおける情報の非対称性を埋めるために、国内では無料や有料の**職業紹介事業**があります。有料の就職紹介事業は許可制となっています。

　有料の事業では、求職は原則無料とし、求人者から手数料を取ることになっています。これは求職者が**買い手市場**のなかで不利に立

ちやすい点に配慮した制度です。

　日本では技能実習生が来日の際に高額な手数料を取られたり、その借金のために劣悪な環境で働かされたりという事態が指摘されています。この指摘は、必ずしも日本にとどまるものではなく、海外でも広くみられる問題とも言われています。

　人権尊重は、**ESG** を構成する「**環境（Environment）**」「**社会（Social）**」「**ガバナンス（Governance）**」のうち、「社会」に区分される重要な要素の１つとなっています。外国人労働市場における求職側の**交渉力劣位**の可能性を念頭に置いて、日本の職業紹介事業を参考にし、国際的な制度作りを日本が主導して取り組むことが、求められているのではないかと思います。

観光から学ぶ経験

　日本は移民政策には慎重ですが、**インバウンド観光**は積極的に取り組んできました。コロナ前までの2019年には、約3,200万人の訪日外国人旅行客を迎えており、2012年からの７年で４倍近い観光客が海外から訪れたことになります。

　観光の経済効果は大きく、訪日外国人の旅行消費額は2019年に５兆円近くとなり、2012年比で４倍以上の伸びとなっています。

　他方で、観光客の急速な増加に対して、住民との軋轢が生じる地域も多くありました。**観光公害（オーバーツーリズム）**と呼ばれる現象は、短期滞在の訪日外国人でさえ、自国民にデメリットを生じさせる場合があることを示唆します。外国人労働者の受け入れも、インバウンド観光と同様に、地域の理解と受け入れ態勢を整えながら、丁寧に進めていくべきだといえるでしょう。

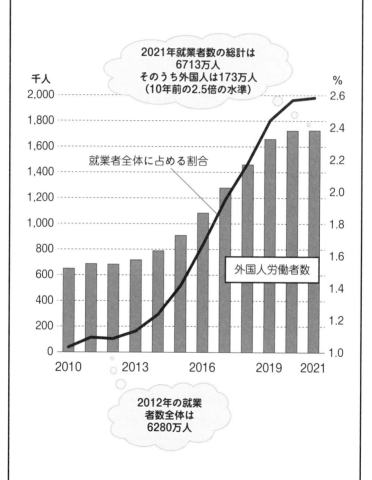

日本における外国人労働者数の推移

2021年就業者数の総計は
6713万人
そのうち外国人は173万人
（10年前の2.5倍の水準）

千人

就業者全体に占める割合

外国人労働者数

2010　2013　2016　2019　2021

2012年の就業
者数全体は
6280万人

出典：厚生労働省「『外国人雇用状況』の届出状況のまとめ」、総務省統計局「労働力調査 長期時系列データ」より作成。就業者数は各年の10月末のデータ。

▶ 01

所得格差

成長に
つながる
再分配政策

　政策の重要な役割に**所得の再分配**があります。所得の再分配とは、課税したり、補助したりすることで、所得の格差を緩和することです。

インセンティブと再分配政策

　不平等をどの程度、社会が許容するかは、社会の価値観に強く依存します。極端な例ですが、例えば、独裁者に富が集中することを許す社会もあるかもしれません。ここでは、特定の個人によらず、社会の構成員全員が平等に扱われる世界を考えてみたいと思います。

　所得の格差は様々な要因で生じます。もしそうした要因を無視して、所得の不平等を完全になくしてしまうと、努力して高い所得を得ても、すべて税で取られてしまうので、努力する人がいなくなってしまいます。つまり、努力する**インセンティブ**が社会から失われてしまうわけです。

　格差を是正するためには、**結果の平等**ではなく、**機会の平等**を目指すべきといわれます。これは、所得格差のうち、努力以外の要素が引き起こしている不平等を取り除くことで、努力が真に報われる社会を作るということです。

機会の平等を損なう結果の不平等

　もちろん機会の平等だけでは、インセンティブを高める再分配政策としては不十分です。本人の努力の及ばない要素が結果に影響を

与えることがあるからです。

例えば親世代の「結果の不平等」が子世代の「機会の不平等」に影響を与えることがあります。また「結果の不平等」が次の挑戦の機会を奪ってしまうとすれば、リスクをとって**ベンチャー**企業を立ち上げる機運がしぼんでしまいます。

インセンティブを高める再分配政策は、やり方次第で成長を促すことができます。再分配を成長とのトレードオフとして捉えず、機会の平等を目指しつつ、機会の平等を損なう結果の不平等を是正する視点が求められます。

格差と経済発展

ノーベル賞受賞者の**サイモン・クズネッツ**は、所得格差は経済発展の過程のなかで、当初拡大するものの、次第に縮小するという「**逆U字型**」になるとの仮説を提起しました。

確かに戦後の日本も高度成長を通じて所得格差は次第に縮小してきました。しかし近年は、**相対的貧困率**が上昇し、所得の不平等さを示す**ジニ係数**は、再分配前に大きく上昇をしています。これには、若・高年層の貧困率が上昇している点を要因に指摘する声があります。

他方で、デジタル化や企業活動の**グローバル化**が進み、**アウトソース**（業務の外部委託）やグローバル化にさらされやすい職種とそうでない職種との間で、所得格差がはっきりしてきました。グローバル化にさらされて、**中間層**が弱体化し、社会が不安定化しているとの指摘も海外では聞かれます。機会の平等がしっかり確保されるよう、社会的な**セーフティネット**の充実もあわせて求められるでしょう。

広がるわが国の所得格差

ジニ係数

再分配前の所得格差は
近年広がりつつ
あります

再分配前

再分配後

・ジニ係数は、所得の不平等さを示す指標です。0が格差が
ない状態、1が最も格差がある状態として表現されます。

出典:厚生労働省『所得再配分調査』より作成。

▶ 02
最低賃金

**成長に
つながる
再分配政策**

　最低賃金とは、賃金に下限を設ける**価格規制**（→2-04）の一種です。日本では、各都道府県で最低賃金が決められており、最低賃金よりも安い賃金で労働者を雇用することを禁じています。

　この点を次頁のモデル図で表現してみましょう。企業などの雇用主が労働者を雇用する量（延べ時間数）と賃金（時給）との関係を**労働需要曲線**で表し、労働者が自ら労働に割く時間数と賃金との関係を**労働供給曲線**として表すものとします。この労働市場の均衡は、労働需要曲線と労働供給曲線の交点 E になります。

　一般に最低賃金は均衡点での賃金よりも高めに設定されるはずですので、最低賃金の水準では労働の供給量が需要量に比して過多になります。それがモデル図では点 R と点 Q との長さで表現されています。

最低賃金のメカニズム

　最低賃金は、市場均衡よりも賃金が高めに設定されることから労働者に有利になると考えられています。

　しかし、最低賃金よりも低い賃金で働いてもよいと考える労働者もいるなかで、最低賃金の導入によって、企業が提供する求人数が少なくなり、就職ができない人や失職を余儀なくされる人が出てきます。先ほどのモデル図の点 R と点 Q との長さの分だけ、最低賃金のもとで、就職したくてもできない人が出てくるということです。

　このように最低賃金は、雇用され続ける労働者にはよい制度です

が、雇用されない労働者にとっては、就職・就業環境をより厳しくする制度と考えられます。

最低賃金と効率化

なお最低賃金は、企業などの雇い主にとっては、労働者を雇用することのコストが上がることになるので、雇用する労働者の数を減らしたり、労働時間数を減らしたりといった**経営効率化**の努力をするようになると考えられます。

最低賃金制度は、雇用主に対してデジタル化投資をするなどして、労働者にできるだけ頼らない経営をさせる効果もあります。こうした点は、わが国の**労働生産性**を高め、新たな経営多角化が可能になれば、雇用が増えることもあり得ます。

もっとも、経営効率化が迅速に行われない場合は失業者が増え、人件費の負担に耐えられない**企業の倒産**を引き起こす可能性もあります。最低賃金を引き上げる速度と、経営効率化とのバランスをうまくとることが重要になります。

声なき利害を可視化する経済学

この項では、モデル図を使って最低賃金の効果を説明しました。モデル図を使うメリットは、最低賃金によって利益を得る人々のみならず、不利益をこうむる人々の存在も可視化できるところにあります。一般に、不利益をこうむる人々は労働市場から立ち去るのみで、文句をいったりすることは滅多にありません。モデルや図を使うことで、政策効果を明示的に表現できるところに、経済学で経済政策を分析することの強みがあるといえます。

最低賃金の経済的な効果

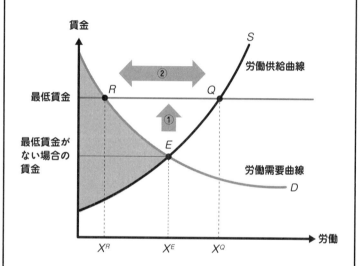

- 最低賃金がない場合は、賃金水準が労働需要曲線Dと労働供給曲線Sとの交点Eで決まります。
- 最低賃金が導入されると①のように賃金が上がります。
- 賃金が上がるので、最低賃金のもとで、企業が雇用する労働はX^EからX^Rに減少します。
- 賃金が上がるので、企業で働きたいと思う人は、X^EからX^Qへ増加します。
- つまり、②のようにRQの分だけ、需給ギャップが生じてしまいます。

10 hours
Redistribution
Policy

7

成長に
つながる
再分配政策

▶ 03

所得政策と就労
インセンティブ

就労のインセンティブは、労働に対する正当な対価が得られることによって支えられています。働いた分だけ税などを徴収されて収入が減らされれば、就労の意欲がなくなってしまい、本来就労を通じて生み出されるべき社会的な付加価値も失われます。そこで、所得政策は丁寧にデザインされることが求められます。

生活保護でのインセンティブ

生活保護の制度では、生活に最低限必要な所得が定められており、生活保護世帯である限りは、その**最低生活費**（**生活保護基準**と言います）**が保証**される制度となっています。

仮に生活保護世帯が働いて稼ぎがあるときに、その収入額を最低生活費からそのまま差し引いてしまうと、就労意欲をそぐことになります。就労収入のうち、全額ではなく一定額のみを控除することで、就労インセンティブを確保することができます。

また生活保護の対象から外れる場合には、新たに税や社会保険などの負担が発生することから、生活保護世帯からの脱却時に、一定額の一括補助を支給することも、自立支援に大切な視点です。

社会保険適用の問題

同様の現象は、配偶者に対しても見られます。社会保険の扶養に入ると、社会保険料が引かれないために、収入の手取り額が増えます。

しかし、配偶者の所得が一定額（現行では130万円）を超えたり、一定の条件を満たすと、社会保険料の支払い義務が生じ、可処分所得（税・社会保険料を引いた後の世帯所得）は、124万から109万まで引き下げられてしまうのです。これは「**130万円の壁**」と呼ばれ、配偶者のさらなる労働参画を妨げる要因とされています（→6-04）。

セーフティネットの一案

ノーベル賞受賞者の**ミルトン・フリードマン**は、生活保護における最低所得と、それを支える累進的な所得税制度を撤廃し、基礎控除額と一律の基本税率から構成される**負の所得税**の導入を主張しました。

この制度では、低所得者でも就労所得に応じて一定割合の可変額での給付を受けることが可能となります。

また**ベーシックインカム**という制度もあります。この制度では、政府が全国民に決められた額を支給することで、最低所得を保障するというアイデアです。まず全国民に一定額を支給するという点で、膨大な財政負担が生じかねない点に懸念をする指摘があります。

適切な財政負担のもとで、就労インセンティブを他制度と整合的な形でいかに高める制度設計ができるか、革新的な知恵が問われているといえるでしょう。

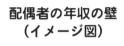

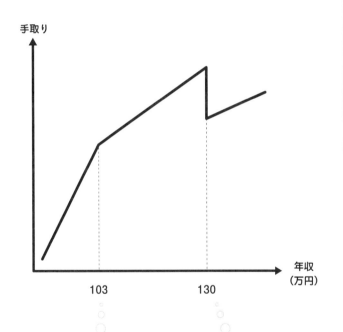

配偶者の年収の壁
（イメージ図）

手取り

年収
（万円）

103

130

所得税がかかる
ようになる

社会保険へ支払い
義務が生じる

公的年金

**成長に
つながる
再分配政策**

　わが国の公的年金は、いわば長生きすることへの**保険**です。民間の生命保険は、死亡時に遺族に支払われる任意加入の保険ですが、公的年金は、長生きのリスクを国民全体で負担する**強制加入**の保険となっています。

2つの年金方式

　公的年金には2つの方式があります。**賦課方式**とは、世代間で支え合うシステムです。若年世代が老年世代の年金給付を負担し、若い世代が老年世代になると、次の若い世代が負担するという、世代を超えて支え合う仕組みです。

　積立方式は、自らの世代（あるいは個人）が若いときに年金を積み立て、老年になったらその積立額を取り崩すという、他の世代や個人に頼らない仕組みになります。

賦課方式の問題点

　人口が伸びている時期は、1人の老年者を支える若年者も増えていきます。そこで、若者1人当たりの年金負担額は、賦課方式においては減少していくことになります。

　しかし、少子化・高齢化で人口が減ってくると、賦課方式では若年世代になるほど負担が増えていくことになり、したがって年金受給額も減ることになります。すると公的年金に加入せず、自ら貯蓄して利回りの高い運用を始める人や、老後に備えず国の生活保護に

頼ろうとする人が増えていくことが予想されます。

　公的年金に未加入の若年者が増加すると、ただでさえ1人の老年者を支える若年者が少ないなかで、さらに公的年金に加入している若年者の負担が重くなってしまいます。こうした事情が背景にあって、公的年金が強制加入になっているのかもしれません。

賦課方式の展開

　日本では賦課方式を採用していますが、少子高齢化のもとでは、先に述べたように、現役世代の負担が高まる一方になります。そこで2017年以降、現役世代の保険料負担を一定に固定し、給付水準を自動調整する方式が導入されました。

　他方で、積立方式は、人口構成に影響を受けない制度ですので、少子高齢化の日本においては魅力的な年金方式に映ります。しかし、現在の賦課方式から積立方式に移行しようとする場合、移行期の世代に**二重の負担**が発生することになります。

　負担が二重になるのは、移行期の若年世代は、老年世代を支えることの負担に加えて、自らが老年世代になったときのために積み立てておくための負担も負わなければならないからです。さらに、少子高齢化で社会全体の生産性が低下すれば、たとえ積立方式に移行したとしても、年金運用の利率が低下する可能性があり、その場合には積立方式の魅力が薄れることになります。

　このように考えれば、少子高齢化であっても、今の賦課方式を継続していくのが日本にとって現実的に見えます。現行の賦課方式をいかに展開させて、国民皆年金の理想であった安心な老後の社会の実現を目指していくのか。さらなる議論が求められます。

30秒でわかる! ポイント

年金制度の枠組み

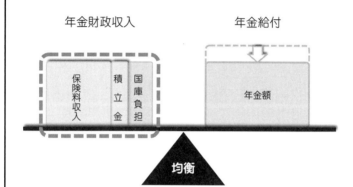

年金財政収入

年金給付

保険料収入　積立金　国庫負担

年金額

均衡

・保険料を2017年以降、固定化。
・少子化が進行しても財源枠内で給付費を賄えるよう、
　年金給付水準を自動調整する**マクロ経済スライド**を導入。

▶ 05

少子化対策

成長に
つながる
再分配政策

女性1人が一生のうちに産む子どもの数を「**合計特殊出生率**」といいます。日本では1975年以来、合計特殊出生率が2を下回っており、人口が減少し続けています。

子育ての経済学的考え方

子どもを産み育てるかどうかは、各家庭での判断に委ねるべきと考えられます。子どもはいわば私的財であり、経済学的には、各家庭が子どもを1人追加的に育てることの金銭的・時間的な費用に対して、メリットと比較することになります。そのうえで、どれだけの子どもを産み育てるかを判断するという考え方になります。

このように考えると、少子化は各家庭での私的な判断を集積した結果であり、政府がこうした個人の判断に介入すべきではないという結論になりそうです。

少子化対策の正当性

他方で、子どもが存在することで、私的な便益を超えた社会的な便益が生み出される可能性があります。地域コミュニティに一定数の次世代を担う子どもたちがいなければ、コミュニティも持続可能ではありません。そして、コミュニティが維持されなければ、教育や医療などのインフラといった地域に必要なサービスも、いずれは途絶えてしまいます。

もし子どもが公共財としての社会的な意義を持つのであれば、子

育てを個人的な判断として、各家庭に費用負担も含めて委ねてしまうのは、社会にとっても子どもにとっても、適切ではないといえます。ここに少子化対策を政府が行う根拠が見い出せます。

子育てインフラの変化

子育てにおける費用は、養育費や教育費などの経済的な負担だけではありません。他にも女性の社会進出の機会が増加することで生じる仕事と家事・育児のトレードオフや、受験競争など子育ての精神的・肉体的な負担が挙げられます。

その昔、子育ては、地縁や血縁を通じた地域や、祖父母世帯、親世帯と子世帯からなる3世帯の同居のなかで、行われてきたといわれています。しかしそうした子どもの世話をしてきた**地域共同体**や3世帯の同居が消失していくなか、子育てのインフラを再構築する必要があります。

子育てにおける金銭的・心理的なハードルを下げるために、デジタルを使った育児時間を減らす取り組みや、保育や家事の外注・委託、政府による子育て支援など、官民によるさらなる取り組みが求められます。

そのためには、結婚・妊娠・出産・子育て期にわたる一貫した相談支援と経済的支援が継続的に実施される必要があります。こうした取り組みを推進するべく、日本では2023年から**こども家庭庁**が創設されます。子どもの視点や子育て当事者の視点に立った横断的な施策のパッケージが求められるでしょう。

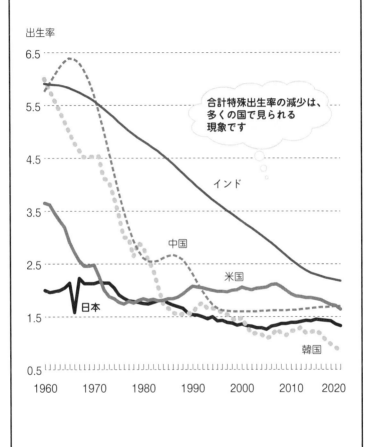

合計特殊出生率の国際比較

出生率

合計特殊出生率の減少は、
多くの国で見られる
現象です

インド

中国

米国

日本

韓国

6.5
5.5
4.5
3.5
2.5
1.5
0.5

1960　1970　1980　1990　2000　2010　2020

出典：OECD Family Databaseより作成。

10 hours 7
Redistribution
Policy

成長に
つながる
再分配政策

▶ 06

地方分権と
地方創生

　2000年に地方分権一括法が施行され、**地方分権**が進むことになりました。国の関与を縮小し、地方の権限・責任を拡大することで、それぞれの地域に合った住民自治が図られることが目指されました。

　一方で、自治体間の経済力の格差が存在することから、**地方交付税**を通じて財政上の補完を行っています。

地方分権と住民自治

　地域住民に近く、住民の厚生を反映した行政を行うことができるのが自治体です。自治体が**住民主権**に基づいて行政を行うことは、市場メカニズムが**消費者主権**（→9-08）に基づく点に類似しています。

　市場メカニズムにおける完全競争と同様に、地方自治という分権的なシステムが住民のニーズを的確に反映しつつ、効率性を生み出すきっかけになることが望まれます。

地方分権のもとでの標準化

　地方分権がうまくいくためには、自治体が地方住民のニーズに基づいて政策を行っていることを、住民がしっかり監督することが求められます。

　自治体ごとの公共サービスの提供状況等のパフォーマンスを住民が比較できれば、住民の監督を通じて、自治体間の競争が促されるようになります。これを**ヤードスティック**競争（→2-05）といいま

す。

　また住民が自ら近隣などの自治体に引っ越すことで、自らの選好を表明する機会（**ティブーの足による投票**）もあります。

　新型コロナウイルス感染拡大のなかでは、コロナに対する対応が、自治体によってまちまちであることが露呈されました。地域ごとに住民に対するサービスの質に差が生じるべきでない領域では、地方自治の独立性を維持することがどこまでふさわしいか、議論になります。

独自性と標準化の是非

　例えば介護分野を取り上げてみましょう。介護サービスの質は全国一律に定められていながら、介護施設としての認定は各市町村でなされています。各市町村は同じ介護施設の認定基準に従うにもかかわらず、標準化されるべきフォーマットが提示されていないことから、全国展開する介護事業者もそれぞれの自治体の要望に応じた**ローカルルール**に従わざるを得ない実情があります。

　とりわけデジタル化におけるシステムやデータの標準化・共通化は、自治体ごとに独自仕様を定めると、自治体を超えてシステムをつなげることができず、デジタル化のメリットを享受することができません。

　自治体の独自性を認める領域と、自治体の競争を促しながら質を高めていくべき領域、そして自治体間で共通に標準化すべき領域を整理して、地方分権がしっかり地方の活性化（**地方創生**）に向き合えるような制度整備が求められます。

10 hours
Redistribution **7**
Policy

成長に
つながる
再分配政策

▶ 07
コロナ禍での
学び

　新型コロナウイルス感染拡大のなか、感染防止の観点から経済活動が大きく制約を受けました。外食・観光を中心に、多くの企業や個人事業主が休業を余儀なくされ、売上を落としました。また休業や失業、あるいは所得の減少などによって、生活困窮に陥った個人や世帯も少なくありません。

負の外部性への政策対応

　こうした過去に類を見ない事態に対応すべく、政府は企業や個人に対して、大規模な給付金や補助金などの支援を行いました。コロナ禍は、健全な経営を行う企業でさえも倒産してしまうような規模の外生的なショックでした。9章で学ぶ**負の外部性**への対応としても、財政支援は評価できるものと思われます。

個別事情に応じた政策立案の必要性

　他方で、財政支援の多くは、企業や個人の申請ベースであり、必要度にかかわらず**一律支給**されることが多く、本当に必要な額が必要な者に届いたのか、疑問を残すことになりました。

　例えば**雇用調整助成金**は、事業の縮小を迫られた事業主に対して、従業員の雇用を維持して休業手当を支払うための原資を助成するものです。この助成金は雇用保険を財源としていましたが、**雇用保険**に加入していない非正規雇用にも拡大しました。

　雇用調整助成金は、企業の倒産や失業を抑えるうえで有効だった

と思われますが、業態転換をすべきタイミングが助成金の支給によって先送りになり、経済の活力を逆に奪ってしまったのではないか、との指摘もあります。

データを活用した支援の必要性

支給総額を所与とすれば、必要度の高い個人に、より手厚い支援を与えるのが、政策効果の最も高い方法と思われます。また必要度の高い個人は、所得の**流動性制約**に直面していることが多いと考えれば、給付金等を貯蓄に回さずに支出することになるので、経済活性化にもつながることになります。

しかし所得や資産といった支援の必要度を把握するための基礎データ（例えば**税務情報**）が活用されず、困窮度に応じた施策が執行されないまま、一律支給という表面的な公平性に依拠せざるを得ませんでした。

この結果、本当に必要な個人や事業者に必要なだけの給付金額が届いたのか、そして給付金の初期の目的を達成できたのかが明らかにされないままになっています。また不正受給の事件も後を絶たない状況でした。

マイナンバーを使うなどして、**個人情報**を公益性の観点から政策に生かすことができれば、申請を待つまでもなく、行政機関のほうから支援の必要性の高い個人に銀行口座に入金するなど、**プッシュ型**で支援を行うことも可能になります。

コロナ禍の経験を機に、行政分野の DX 化を加速化して、政策執行の精度を高めることが求められます。

10 hours
Infrastructure **8**
Policy

規模の経済
性とインフ
ラ政策

▶ 01

自然独占の規制

　インフラ（**社会資本**）を供給するには、巨額の固定費がかかります。例えば鉄道を走らせるには、線路と車両といった設備が固定費となります。

規模の経済性と独占性

　可変費（人件費・原材料費）と比較して、固定費が大きいインフラでは、提供するサービス量（例えば、鉄道の乗客数）が増えるに従って、平均的な費用が低下します。これを**規模の経済性**といいます。

　規模の経済性がある産業では、複数の会社が互いに固定費をかけてサービス供給するよりも、1社に供給を任せたほうが、固定費の重複を避けることができ、効率的です。そこで供給者は自然と独占化しやすい傾向（**自然独占性**）にあります。

　ただし、規模の経済性は、生産量が増えるに従ってだんだん減少していくのが一般的です。つまり、自然独占性はある一定規模の生産量を超えて存在することは通常ありません。そこで、地域に限定した**地域独占**の形をとることになります。

供給義務と価格規制

　独占企業は利益率の高い顧客のみを選んで供給すること（**クリームスキミング**）で価格を引き上げる恐れがあります。そのため自然独占を認めるにあたっては、公共性とのバランスをとることが必要

です。

　多くのインフラでは、事業者に独占を認められた地域の全ての利用者に対して**供給義務**を課して、クリームスキミングをできないようにしています。また供給義務を課す地域においては、**価格規制**を課すことで、利潤が過大にならないようにしています。

　価格規制の代表が**総括原価方式**と呼ばれる方法です。供給に要する原価（**総括原価**）に、適正と認められる**事業報酬率**を上乗せした価格を上限価格として設定し、その上限価格を政府が認可することで独占的な価格づけを防ぐ仕組みです。

規制の問題

　もっとも上限価格を作成するのに必要な総括原価の情報は、企業のみが知っている経営に関わる機微データ（**私的情報**）です。規制する側である政府は、規制される側である事業者から提供される情報に頼って総括原価を決めざるを得ない状況があるのです。

　こうした規制者と被規制者との間に**情報の非対称性**がある場合、事業者が原価を高めに規制者に報告するなどすれば、規制が緩くなってしまい、自然独占の弊害を抑えられない懸念があります。規制者である政府は、被規制者に実質的に取り込まれてしまい、**規制のとりこ**となる可能性があるのです。

　被規制者からの情報に操作されることなく適切な規制が行えるよう、規制者は規制対象となる事業の国際的な動向や技術の進展などについて、自ら情報収集したり分析したりすることが大切です。被規制者と同等以上の知識を身につけることで初めて、規制者は規制のとりこになることなく、被規制者を規制するだけの能力をもつようになるからです。

10 hours
Infrastructure
Policy
8

規模の経済
性とインフ
ラ政策

▶ 02

総括原価方式の功罪

　安定的なインフラ供給の義務を果たすためには、経営に健全性が求められます。また競争が働かない**自然独占**や**地域独占**では、価格が引き上げられる懸念を払しょくする必要があります。

　こうした要請に応えるための代表的な価格規制が**総括原価方式**です。この方式は、供給に要する費用（総括原価）に適正な利潤率を上乗せした額を、企業がつける価格の上限として設定するものです。

価格規制の仕組み

　総括原価方式には**公正報酬率規制**がよく用いられます。この規制では、事業者の適正利潤を、その事業者の資本額に一定率を乗じることで決めます。つまり資本額が高いほど、適正利潤が高くなり、したがって上限価格も高くなる傾向があります。

　そこで、公正報酬率規制のもとでは、事業者は過剰な設備投資を行うなどして、資本額をふくらませ、適正利潤を増やす誘因（**アバーチ・ジョンソン効果**）を持つことが知られています。

　このように総括原価方式には、事業者に過大な投資誘因を与えることになりますが、それでも人口が増えていく局面では、この方式はうまく機能しました。

　過大に見える設備投資も、いずれ需要が伸びてくれば、設備の稼働率も上がり、設備量も適正水準になるからです。つまり総括原価方式は、事業者に先行投資を行わせる仕組みだったといえます。

　しかし人口が減少する局面になると、過剰な設備はそのまま遊休

資産になるため、総括原価方式の非効率性が目立つようになりました。

規制の効率化誘因

　総括原価方式では、コスト削減の努力をすれば、上限価格が改訂されるまでの期間、企業はその削減分を追加的な利潤とすることができます。つまりこの方式は、**効率化インセンティブを内在した制度**と考えられます。

　もちろん効率化が進み、企業が適正水準以上の超過利潤を得るようになれば、上限価格が引き下げられることになります。

　電力の送配電部門や、通信の固定電話では、企業の将来のコスト削減を先取りして上限価格を設定するような規制があります。

　上限価格が低めに設定されると、企業はコスト削減しなければ損をしてしまうことになります。そこで、コスト削減を先取りした上限価格の設定は、効率化というイノベーションを促す仕組みともみなせます。

　しかし、企業にどれだけコスト削減が可能か、規制する政府と事業者との間に**情報の非対称性**があるなかで、政府が過大にコスト削減を見込んでしまうと、将来の安定供給に支障が出てしまいます。

価格規制のデメリット

　総括原価方式は企業の経営マインドにも大きな影響を与えます。価格づけは消費者の反応を知るための重要な経営変数ですが、その決定権を政府に握られると、企業は消費者ではなく規制者を見て仕事をするようになり、消費者の動向に疎くなりがちになります。規制者は、こうした価格規制のデメリットをしっかり認識しておく必要があります。

30秒でわかる! ポイント

総括原価方式の仕組み

総原価 ＝ 適正費用（営業費） ＋ 公正報酬 ＝ 収入

メリット	デメリット
・事業採算性が見込みやすく、投資促進 ・価格が安定的に推移する。	・市場の需給と関係なく、過剰な投資を誘発。 ・価格が需給を反映しない。

出典： 経済産業省「電気料金の仕組みについて」より作成

10 hours

Infrastructure

Policy

8

規模の経済
性とインフ
ラ政策

▶ 03

内部補助と
ユニバーサル
サービス

　公共サービスでは、基準価格が設けられることが一般的です。例えば、鉄道の運賃は、概ね距離を基準にしており、異なる地域でもほぼ均一の距離単価がつけられています。

　基準価格の役割の1つに、需要の高い地域から需要の低い地域への**内部補助**があります。もし各路線や路線内の各区間を独立採算として価格を決めた場合、鉄道需要の相対的に低い区間の運賃を高く、需要の相対的に高い区間の運賃を安くすることになります。

　しかしこうした運賃体系は、需要の低い区間の鉄道需要をさらに減退させかねません。基準価格を設け、需要の高低にかかわらず均一の距離単価で鉄道を利用できるようにすることで、地域によらず**移動の機会**が公平に与えられるようになります。

　なお内部補助では、黒字の地域住民が赤字の地域住民を支えています。支払い能力のある需要の高い区間の利用者が、その他の区間の赤字を負担するやり方を、**応能原則**に基づく費用負担といいます。

内部補助が直面する課題

　この内部補助は、2つの理由で危機に直面しています。

　1つは規制緩和や自由化の影響です。参入の自由化によって、需要の高い地域を狙って新規事業者の参入が活発になりました（**クリームスキミング**）。その結果、需要の高い黒字路線の利潤が減少し、赤字路線に内部補助をできるだけの原資が減少しました。

　もう1つは人口減少や高齢化による影響です。地域によっては、

黒字路線の収支でさえも減少しており、拡大する赤字路線の維持が難しくなっています。

　こうして応能原則を掲げ続けることが困難になり、赤字路線・区間の住民を受益者として負担を求める**応益原則**へと移行しつつあります。地域住民に使われる地域交通にするべく、鉄道の軌道をバスの専用道とする **BRT（バス・ラピッド・トランジット）** の工夫もなされています。

　しかし応益原則で対応すると、赤字路線を維持するには、相当の運賃値上げが必要な地域があります。

ユニバーサルサービス政策

　公共サービスのなかでも、国民生活に不可欠なもので、全国に公平に安定供給されるべきサービスを**ユニバーサルサービス**といいます。一般に、電気、通信や水道、郵便などが該当するとされますが、どのサービスが該当するか、明確な定義があるわけではありません。

　またサービスに着目するのではなく、アクセスに注目する**ユニバーサルアクセス**という考え方もあります。公共交通でいえば、鉄道とバスのそれぞれをユニバーサルサービスとして維持するのではなく、いずれか一方がユニバーサルにアクセスできればよいという考え方です。

　人口減少が続くなかで、地域インフラを維持するために、利用者を超えて幅広く地域住民に負担をお願いするといった考え方も出てきています。例えば、海外では**交通税**と称して、自治体が公共交通を維持するための財源を確保する動きも見られます。

　公共交通に規模の経済性が働くなかで、地元の人が公共交通を使わず、自動車を使うことになれば、公共交通の維持は困難です。公共交通のあり方は、都市生活のあり方に密接にかかわっていることが分かります。

10 hours
Infrastructure
Policy

8

規模の経済
性とインフ
ラ政策

▶ 04

混雑と
ダイナミック・
プライシング

多くのインフラサービスには、サービスを貯蔵することが困難という特徴があります。

例えば鉄道は、特定の場所の、特定の時刻に出発する車両に乗ることでサービスを受けられます。電力も蓄電技術の商業コストは未だ高く、大規模な貯蔵は困難です。

つまりサービスが生産されるとすぐに消費がされなければならないということで、**即時性**を持つといえます（交通の場合は、生産と消費が同じ場所でなされるという点で、**即地性**もあります）。

混雑の平準化

貯蔵ができるサービスでは、需要が供給を上回れば、在庫を投入することで需給ひっ迫を回避できます。しかし即時性のあるサービスでは、需要が供給を上回ると混雑が起き、逆に供給が過剰になると交通などでは空席が目立ってしまうことになります。

つまり在庫などで供給力を柔軟に伸縮できないサービスは、需要の高低によって、稼働率が大きく変動するわけです。

ここで重要になるのが、**稼働率を平準化**するように価格を通じて需要を変化させるという**ダイナミック・プライシング**という考え方です。混雑があるときに価格を上げ、空席が目立つときには価格を下げることで、需要を供給に合わせる手法で、**ピークロード・プライシング**とも呼ばれます。

例えば東京ディズニーランドでは、2021年から入園料を時間帯

で異なる価格にすることで、入園者の繁閑差を平準化する取り組み を始めています。

　AI 技術で混雑予想ができるようになり、デジタル化で価格を瞬 時に変更してスマホなどで伝えることができる今、リアルタイムで 価格を変えながら効率的なサービスを提供する取り組みが可能にな っています。

　ダイナミック・プライシングは施設の稼働率の観点では効率的な 手法ですが、混雑時に利用せざるを得ない消費者からより高い利潤 を得る手法でもあり、公正性の観点から問題視する意見もあります。

更なる価格差別

　ダイナミック・プライシングは、価格差別の一種です。

　価格差別とは、同じ商品を時間帯や利用者などの違いに応じて、 異なる価格で販売することを指します。混雑時間帯に相対的に高め の価格をつけるだけでなく、学生割引のように利用者の属性情報を 使った価格差別もあります。

　スマートフォンの普及で、利用者の閲覧・購買・移動履歴を事業 者が入手できるようになるなかで、AI 技術を使って利用者ごとに 異なる価格をカスタマイズして提供する**パーソナル・プライシング** も、技術的には可能になっています。

　こうした AI 技術を使った価格づけにおいて、マイノリティーや 社会的弱者など特定の社会層の人たちに高い頻度で異なる価格がつ けられていることが報告されるなどしており、価格づけに対する公 平性・公正性に対してさらなる議論が求められています。

価格差別による収益最大化

従来の固定価格

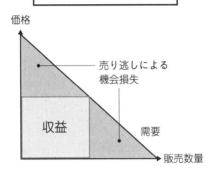

価格

売り逃しによる
機会損失

収益

需要

販売数量

価格による差別化

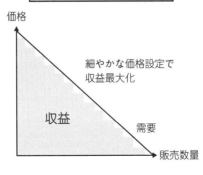

価格

細やかな価格設定で
収益最大化

収益

需要

販売数量

10 hours
Infrastructure 8
Policy

規模の経済
性とインフ
ラ政策

▶ 05

ネットワーク効果

インフラは、ネットワークを形成することでサービス供給を可能にしています。例えばキャッシュレス決済は、利用者が増えるほど、その決済手段を使える場所が増えますし、また利用場所が広がるほど、その決済手段を用いる利用者も増えていきます。こうした相乗効果を**ネットワーク効果**といいます。

ネットワーク効果においては規模の大きさがカギになります。ある程度の**閾値（クリティカルマス）**を超えた規模がないと、利用者にネットワークを選んでもらえません。しかしネットワークが閾値に達すると、自然とそのネットワークに参加する利用者や企業が増え、ネットワークは自律的に拡大していくことになります。

このようにネットワーク効果とは需要側での**規模の経済性**といえます。8-01では供給側での規模の経済性が**自然独占**を生み出すことを説明しました。自然独占は、ネットワーク効果による需要面での**相乗効果**によっても形成されることがわかります。

電力産業の経験

ネットワークがひとたび閾値を超えると、たとえそれが社会的に非効率な技術であっても、普及していきます。

例えば電力の周波数を例にとってみましょう。日本では一国内に複数の周波数が並存する世界でも稀な国で、東日本では50Hz、西日本は60Hzとなっています。これは、明治時代に東日本が欧州から、そして西日本が米国から、それぞれ別々に発電機を購入したこ

とがきっかけになっています。

この発動機の導入が、その後の日本の周波数の標準を決めることになり、現在では東西で電力をやりとりするときには、直流に電気をいったん戻したうえで各地域に合わせて周波数を交流変換しています。

この周波数変換処理の限界が、東日本大震災において、電力の不足した東日本へ西日本から電力を十分に送れない理由との指摘がされました。

日本の東西で周波数を統一するには、各周波数に同期して動いている発電機や電気設備を一斉に調整する必要があります。電力の周波数は地理的に決められているものですので、周波数を変えるとなれば、その地域におけるすべての電力利用者が、漏れなく協調して同じタイミングで移行する必要があります。つまりネットワーク効果には、**スイッチング・コスト**があり、日本の東西で周波数を統一することは、容易なことではないのです。

標準化とオープン化

ネットワーク産業では、産業の立ち上がり期に、いかにシステムの**標準化**と**オープン化**をするかが重要になります。システムの標準化には、国や業界が主導して行う**デジュールスタンダード**や、市場競争で生き残った規格が標準化される**デファクトスタンダード**が知られています。いわば前者が**中央集権型**システム、後者を**分権分散型**システムと呼ぶことができるでしょう。

計画経済システムと**市場経済**に一長一短があるように（→1-03）、いずれの標準化にも長所と短所があります。

技術を導入する時点で中央集権的に**標準化**を行う重要性は、日本の電力の周波数の事例からも明らかですが、他方で**オープン化**による競争によって技術のイノベーションを促進するという観点も重要です。

ネットワーク効果と競争政策

　ネットワーク効果が強く働く産業では、産業の立ち上がり期において、各ネットワークは閾値に達するまで激しい競争を繰り広げます。たとえ赤字を出して商品を配ったとしても、ユーザー数が閾値を超えれば、その後はネットワークの相乗効果を受けて、独占的な地位と利益を獲得できるからです。

　このように、ネットワーク効果がある産業では、「**勝者の独り勝ち**」（A winner takes all）が生じます。極端な場合、競争に生き残れるのは1社だけ、そのほかの企業は市場から退出しなければなりません。

　勝ち残った企業は、競争の過程でこうむった赤字を独占的な地位を使って回収できますが、退出する企業はそうはいきません。つまりネットワーク効果は、市場競争を過酷なものにするのです。

　ところで、この勝者の独り勝ちが、ネットワーク効果による低価格から生じているのか、あるいは、競争を排除するための違法な手段によるものなのかを区別することは、競争政策上、重要な課題になります。競争政策において、**競争排除**を目的としたコスト割れや低価格での販売は、**私的独占**や**不公正な取引方法**として、違法とされているからです。

　過去にはマイクロソフトの支配的な地位がネットワーク効果の観点から独禁法上の問題になりました。最近では、デジタル・プラットフォームに対する独禁法の扱いが大きな話題となっています（→11-04）。

10 hours 8
Infrastructure
Policy

規模の経済
性とインフ
ラ政策

▶ 06

相乗効果と多角化

インフラは様々な事業への**相乗効果**を生み出します。鉄道を例にとれば、小林一三氏（1873〜1957）は阪急電鉄の創業とともに、沿線の宅地開発、宝塚歌劇や阪急百貨店の開業を果たしました。

ここには2つの経済的な相乗効果が存在します。

範囲の経済性

まずは需要面での相乗効果です。沿線の開発は通勤・通学や娯楽などを目的として鉄道利用者を増加させ、鉄道利用者の増加は沿線での商業活動の更なる活性化につながります。これは8-05で紹介したネットワーク効果です。

2つ目は費用面での相乗効果です。鉄道建設には巨額の投資を必要としますが、沿線開発も同時に行うことができれば、建設に伴う固定費を共有化することができます。こうした費用面での効率化を**範囲の経済性**といいます。

需要面と費用面との2つの相乗効果によって、インフラ事業を基点にした様々な事業が、**補完的**な事業としてつながります。一見すると異種業種に見える鉄道事業と沿線の不動産事業を合わせること（**バンドル化**（→11-04））で、事業の**多角化**が見えてきます。

一方、沿線での人口減少が著しくなると、相乗効果が逆に作用することになります。多角化した事業が経営の重荷になり、事業の**集中と選択**が見られるようになります。

同じ経営戦略でも、事業環境が違うと異なる結論になるのです。

10 hours
Infrastructure **8**
Policy

規 模 の 経 済
性 と イ ン フ
ラ 政 策

▶ 07

インフラ・アクセス 政策

　移動通信や電力では、ネットワークがサービス提供に欠かせない設備（**不可欠設備**）です。しかし、不可欠設備は、既存大手事業者によって設置・所有されているため、新規参入者が利用することはそもそも困難でした。

　規制緩和や自由化が進むと、大手事業者のネットワークを新規参入者が適切な料金で接続できるようになり、ネットワークが新規参入者にも開放されるようになりました。

競争排除

　ネットワーク利用に対して、既存大手事業者は新規参入者よりも交渉力に優位性があります。既存事業者は、高い**接続料金**を請求することで、競争事業者を意図的に市場から退出に追い込むこともできます。

　例えば過去には、新規小売事業者に対する光ファイバを用いた通信サービス（FTTH）の接続料金が、既存事業者の小売料金よりも高く設定されてしまっていることから、新規事業者が既存事業者に対抗するためには赤字を出さざるを得ない事態もありました。これを**プライス・スクイーズ**（**価格圧搾**）と呼びます。

　インフラ利用においては、大手事業者が利用する場合と新規参入者が利用する場合とで利用条件に差が出ないようにすること（**内外無差別**の原則）で、**競争排除**という違法な経済行為（独占禁止法では、私的独占や不公正な取引方法）を未然に防ぐことができます。

競争排除(プライス・スクイーズ)

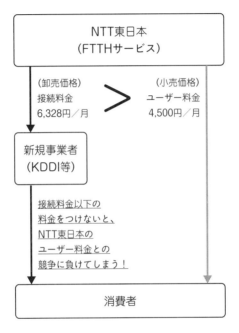

NTT東日本
(FTTHサービス)

(卸売価格)
接続料金
6,328円／月

＞

(小売価格)
ユーザー料金
4,500円／月

新規事業者
(KDDI等)

接続料金以下の
料金をつけないと、
NTT東日本の
ユーザー料金との
競争に負けてしまう!

消費者

- 既存事業者が、新規事業者への接続料金(6,328円／月)を大幅に下回るユーザー料金(2003年度以降、4,500円／月)で自ら販売。新規事業者は赤字覚悟でないと、FTTHサービスの提供は困難。

- 最高裁は**私的独占**と判断(NTT東日本事件(2012))

出典:岡田・川濱・林編(2017)『独禁法審判決の法と経済学』第7章(東京大学出版会)より作成

8

規模の経済性とインフラ政策

10 hours
Infrastructure **8**
Policy

規模の経済
性とインフ
ラ政策

▶ 08

上下分離と民営化

多くのインフラ事業では、市場競争による収益の不確実性を減らすために、参入や退出を規制しています（需給調整）。他方で、独占の弊害が生じないように、**総括原価方式**（→8-02）で価格を規制してきました。

これまでの規制の課題

こうした規制のあり方に対して、以下の2つの限界があると指摘されてきました。

1つは、総括原価の基礎となる情報が**私的情報**であるという点です。経営上の機微データにあたる私的情報を規制者が正確に把握することは困難なので、規制者は**規制のとりこ**になりがちであり、有効な価格規制ができないとの指摘がされました。

2つ目の指摘は、独占的なサービス提供を**自然独占**や**地域独占**として許すと、品質やサービス水準の劣化や技術革新の遅れによって、利用者が不利益を被るという点でした。

新たなビジネスモデルの登場

情報の非対称性によって、規制者による価格規制に限界があるとの指摘に対して、規制ではなく市場競争によって価格を律するのが望ましいという考え方が広がりました。

インフラ整備が一定程度進んだ段階では、インフラを開放（**オープンアクセス**）して、インフラを利用する事業者同士を競争させる

ことで、サービスの品質を確保するべきということです。

　この考え方に基づいて、伝統的にサービスとインフラを同一主体で提供するという**垂直統合**から、両者を別々の主体で提供する**垂直分離**へと、ビジネスモデルの転換が促されました。

　鉄道では、規模の経済性が働くインフラ（特に固定費を構成するような、軌道や駅舎などの設備）は、規制者である公的部門が所有し、規模の経済性が比較的小さいと考えられる運営（運行サービス）を民間企業に任せるという**上下分離**が行われるようになりました。

　また**空港経営改革**（→2-08）では、国や自治体が所有する滑走路などの基本施設の運営権を長期に民間に設定することで、旅客ターミナル施設等との一体的な運営を民間企業に委託をする **PPP/PFI** が行われるようになりました。

透明性の確保

　こうした上下分離においては、インフラ使用の第三者のアクセスに対する**透明性**と使用にかかる**アクセスチャージ**（**接続料金**）のあり方が重要です。インフラを所有する公的部門との間で、インフラ利用が独占されず、契約で明確化される必要があります。

　また、上下分離によって民間企業の参画を促せるのは、一部のインフラに限られます。採算性の低いインフラが取り残されることのないように、採算性の高いインフラと抱き合わせて民間委託されることがあります。例えば、北海道では、道内で採算性が唯一ある新千歳空港を、他の6つの地方空港とセットにして民間委託が行われました。

　インフラをどのように維持・整備していくかは、まだまだ工夫が必要な課題なのです。

上下分離方式
（空港の場合）

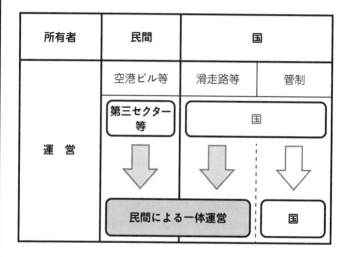

所有者	民間	国	
運営	空港ビル等	滑走路等	管制
	第三セクター等	国	
	⬇	⬇	⬇
	民間による一体運営		国

- 日本は戦後、空港ビル等の経営と滑走路等の運営が別組織でした。

- 国が所有権を持ち続けながら、民間に**運営権**を一定期間譲渡することで、空港ビル等の収益を原資として、着陸料を減免するなど、滑走路等の運営を**一体的に経営**することが可能に！

10 hours
Infrastructure
Policy

8

規模の経済
性とインフ
ラ政策

▶ 09

インフラの 費用対効果

　道路や港湾といったインフラは、**公共事業**として政府が投資をするのが一般的です。無駄な公共事業が行われないよう、個別のインフラ整備において、社会的便益が社会的費用を上回って**費用対効果**があることを事前に確認すべきとされています。

効果の計測手法

　費用対効果において、インフラの効果には2つの効果があります。1つは**フロー効果**で、公共事業によって雇用や消費などの経済活動が派生的に創出される効果になります。もう1つは、インフラ活用で生まれる**ストック効果**です。

　ストック効果には、新たに道路が開通することで、輸送コストが低下し、貨物運賃や最終商品の価格が低下することが考えられます。あるいは道路沿線に新たな商業施設が誕生して、賑わいが生まれるのも、ストック効果の一例です。

　ストック効果は、インフラによって直接発生する「**発生ベースの効果**」（例えば、輸送コストの低下）と、その効果が波及・浸透する過程で間接的に生ずる「**帰着ベースの効果**」（例えば、地価上昇）に分類ができます。

　完全競争市場では、発生ベースと帰着ベースの効果は同じ値になることが知られています。つまり発生ベースの効果に加えて、地価上昇による効果を加えると、**便益の二重計上**になり、過大なインフラ整備が許容されてしまう点に注意が必要です。

フロー効果vs.ストック効果

インフラ建設

フロー効果

建設自体が経
済活動を生む

ストック効果

どちらの観点から分析
するか

<u>発生ベース</u>
<u>の評価</u>　　　<u>帰着ベース</u>
　　　　　　　<u>の評価</u>

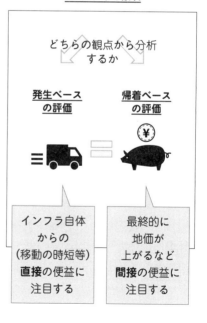

インフラ自体
からの
（移動の時短等）
直接の便益に
注目する

最終的に
地価が
上がるなど
間接の便益に
注目する

10 hours
Global Warming
Countermeasures
9

外部性／公
共財と地球
温暖化対策

▶ 01

共有地の悲劇

　漁場や放牧地などでは、誰もが自由に利用できる状態（共有地）にしておくと、過剰な収穫が生じて、資源が枯渇してしまいます。

　オープンにアクセスできる資源には、ただで利用（**フリーライド**）することを防ぐことはできないので、共有地の資源を維持することが難しいことになります。こうした状況を**共有地（コモンズ）の悲劇**といいます。

　共有地が自由に使える状態にある限り、フリーライドすることに問題があるわけではなく、せめられるものではありません。個々の人たちにとっての自然な行動が、共有地の資源が枯渇するという「悲劇」を生んでしまうという点は、何か社会システムとして欠けているものがあるということと思われます。

　個々人の自然な行動が、社会全体の最適化につながっていないことを**協調の失敗**や**合成の誤謬**といいます。

「悲劇」を防ぐ内部化手法

　資源を持続可能で、再生産できる状態にするためには、**外部性を内部化**する必要があります。以下、森林保全を取り上げてみましょう。

　内部化する１つの方法は、共有地を管理することです。森林資源を地域や集落で入会地として**自主管理**することが、その一例になります。

　他の方法として、森林の伐採に対して**課税**することが考えられま

す。この課税方法を考えた英国の経済学者の名前を取って、**ピグー税**といいます。税額を引き上げることで、再生産可能なレベルまで伐採総量を減らすことができます。

第3の方法は、伐採総量をあらかじめ決めておき、その伐採総量分だけの**権利**（伐採権）を配布して、その権利を有する者のみが権利で示された量だけ伐採できるとするルールを導入するものです。

市場の知恵を使う

地縁や血縁で成り立つ**地域共同体**を維持することが、少子化や高齢化によって次第に難しくなるなか、内部化の第1の手法で説明したような、入会地などの自主管理で行うことが困難な地域や集落が増えてくると思われます。そうすると、資源の管理方法として、課税や権利といった市場メカニズムを用いた管理手法も重要性を増すことになります。

ところで、外部性という市場の失敗を、市場メカニズムを使って解消するというのは、矛盾を感じるかもしれません。

ここでのポイントは、これまで市場が存在していないが故に、協調の失敗や合成の誤謬が生じていた外部性という領域に、森林保全のための課税や伐採権を導入することで、市場メカニズムを回復する点にあります。

本章では、外部性や公共財の観点から知的財産権や都市政策、地球温暖化対策と幅広い論点を提起したいと思います。

税による内部化

直接的な責任しか負わない結果、社会に負の影響を及ぼすことが…

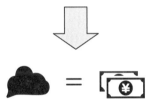

社会的なコストを課税（ピグー税）という形で見える化できれば…

導入後

市場メカニズムによって行動を変えられる！

9

外部性／公共財と地球温暖化対策

10 hours 9
Global Warming
Countermeasures

外部性／公
共財と地球
温暖化対策

▶ 02

知的財産権

発明したアイディアやデザイン、著作などといったソフト（**無体物**）について考えてみたいと思います。ここではソフトを情報コンテンツとよび、その独特の性質を紹介します。

非競合性と非排除性

複数の人が消費しても価値が変わらない商品は、**非競合性**を持つといいます。例えば情報コンテンツは、どれだけの人数が閲覧しようと、閲覧される情報コンテンツの内容や質が変わるわけではありません。複数の人が競合することなく、情報コンテンツを消費できるという点を指して、非競合性といいます。同様に、道路や公園も、混雑がない限りにおいて誰もが同じく利用することができる点で、非競合性があるといえます。

さらに、特定の人にだけ消費をさせないようにすることが困難な場合、その商品は**非排除性**を持つといいます。無料で外部に開放された道路や公園は非排除性をもつことになります。

情報コンテンツの費用構造を考えてみると、情報コンテンツを作り出すには、作成するのに時間を費やすなど固定的な費用がかかりそうですが、一度生成された情報コンテンツは、ほぼ限界費用ゼロで**複製**できる点に特徴があります。

知的財産権の役割

このような場合、情報コンテンツから収益を得たければ、情報コ

ンテンツの作成者から許可がなければ、自由にコピーができないように権利を確立する必要があります。この権利を**知的財産権**（知財権）といいます。知財権があることで、情報コンテンツが**排除性**を持つようになります。

　知財権が保護される間は、発明・考案した者が**独占的に権利を行使**できます。例えば、創作物への権利である著作権は著作者の死後70年を経過するまでを保護期間としています。

　情報コンテンツが知財権にて保護されている間は、権利保有者は独占的な価格をつけることができます。なお自然独占（→8-01）の場合と違って、情報コンテンツには価格づけの規制はありません。情報コンテンツは、たいていの場合、必需品ではないことが、価格規制がない理由と思われます。

公開と保護のトレードオフ

　保護期間が限定されているのは、情報コンテンツは広く公開されることが、社会にとって有益だからです。事前的には、情報コンテンツを生み出す誘因を与えるために、独占権を与えて保護するものの、情報コンテンツが生み出された事後には、社会の発展に資するために広く公開をさせるというのが知財権の考え方です。**公開と保護のバランス**のなかで、知財権が機能しているのです。

アンチコモンズの悲劇

　共有地（コモンズ）の悲劇（→9-01）が協調の失敗による過大な公共財の利用を指摘したのに対し、知財権では、**アンチコモンズの悲劇**という現象が知られています。共有されるべき権利が分散化され、社会として有用な活用ができない状況を指します。

　一例として、**技術の標準化**における**ホールドアップ**問題を取り上げてみましょう。今や新技術は1つの特許から成り立つものではなく、たくさんの特許によって支えられています。これらの特許のう

ち、新技術を技術標準として成り立たせるのに不可欠な特許を**標準必須特許**（**SEP**）といいます。

例えば5Gといった通信技術を取り上げても、SEP候補になる特許は数千もの数に上ります。なお1つの技術にたくさんの特許が関与している状況を**特許の藪**といいます。

新技術を使うたびに、すべてのSEP保有者の1社ごとに**ロイヤルティ**（**特許料**）の交渉や支払いをするのは手間がかかるので、複数のSEP保有者が自らのSEPを持ち寄って**パテントプール**を形成し、一括して特許料の交渉を行うことがしばしば行われます。通信技術のパテントプールでは、アバンシ（Avanci）が有名です。

標準必須特許は、そのどれを1つ欠いても、新技術は技術標準を形成することができません。こうした状況では、パテントプールが法外な特許料を要求し、最終製品の価格が高額になってしまう恐れがあります。技術標準を形成することが決まった以上、技術標準をあきらめない限りは、こうした法外な要求をのまざるを得ない状況を**ホールドアップ**といいます。

こうした特許料の積み上げを防ごうと、各特許保有者に合理的な条件でライセンスする意思を宣言（**FRAND宣言**）させることなどが取り組まれています。

なお最近では、実施者側が交渉を長引かせてライセンス料を支払わない（**ホールドアウト**）など、標準必須特許を巡っては、状況が目まぐるしく変化しています。

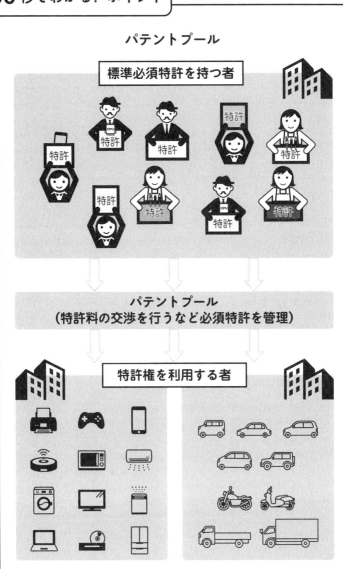

パテントプール

標準必須特許を持つ者

特許　CPU特許　特許　特許　特許

特許　特許　CPU特許　特許

↓　↓　↓

パテントプール
（特許料の交渉を行うなど必須特許を管理）

↓　↓　↓

特許権を利用する者

ライセンスをめぐる問題

ホールドアップ	ホールドアウト

特許権保持者　実施者	特許権保持者　実施者

- SEP（標準必須特許）を使用しなければ製品を作れません。

- 実施者には特許権保持者が保有する特許を利用しない選択肢がありません。

- そこで、実施者は不利な条件を受け入れざるを得ない状況にあります。

- 特許権保持者は、FRAND宣言でのライセンスが求められます。

- この条件を満たさない場合、特許権保持者は権利行使ができない可能性があります。

- 権利行使が認められにくいと実施者が考えると、実施者はライセンス交渉に誠実に応じない恐れがあります。

▶ 03

都市の集積と競争

**外部性／公
共財と地球
温暖化対策**

「東京一極集中」が生じる理由として**集積（密度）の経済性**が指摘
されます。経済活動が一か所に集まることで、求人・求職の**マッチ
ング**が円滑になされたり、複数の取引先を容易に見つけられたりす
ることができて、取引費用の低減につながるというものです。

　こうしたよい外部性がある一方で、一極集中には負の側面もあり
ます。密度が高まれば、**混雑**が生じるとともに、不動産価格も上昇
するために、都市では不動産を持つ者と持たない者との格差が拡大
します。

　また都市にヒト・モノ・カネを送り出す地域は、かえって衰退す
る現象（**ストロー効果**）も見られます。

都市間競争

　コロナ禍でテレワークが一般的になり、対面型のサービスは大き
なダメージを受けました。他方で、非接触・非対面での経済活動が
充実することになりました。

　働く場所に地理的な制限がなくなると、都市の持つ集積の経済性
におけるメリットが薄れることになり、より行政サービスの充実し
た地域への移住を望む人が増えるかもしれません。

　なお人々の地域の選択行動が、自治体同士の競争を促して行政サ
ービスの向上につながる現象を**ティブーの足による投票**といいます。
ふるさと納税における自治体間の競争も、人々の自治体の選択行動
から生じている点で、ティブーの足による投票と考えられるでしょう。

10 hours
Global Warming
Countermeasures

9

外部性／公
共財と地球
温暖化対策

▶ 04

カーボン
ニュートラル政策

　わが国の年平均気温は100年で1.26℃上昇しており、降雨量の増加などにより、災害が激甚化・頻発化している現状にあります。こうした背景には、産業革命以降の人為的なエネルギーの大量消費があると考えられています。

カーボンニュートラルの背景

　温暖化のさらなる進行を食い止めるために、2015年12月に採択された**パリ協定**では、世界的な平均気温上昇を**産業革命以前と比べて1.5℃に抑える努力**をすることとしています。そのためには、今世紀後半に温室効果ガス（GHG）の人為的な排出量と吸収源による除去量との均衡を達成するという**カーボンニュートラル（CN）**を達成する必要があり、わが国もCNを目指すと宣言をしています。

CNの難しさ

　GHGは目に見えず、経済活動において自由に排出できてしまうので、地球環境のことを考えないで経済活動をする企業は、GHGを過大に排出しがちです。つまりGHGは**負の外部性**を持ちます。

　ある国が頑張ってGHGを減らしても、隣の国がGHGを自由に排出していれば、**世界全体のCNの達成**にはつながりません。フリーライダーの存在は、GHGの削減努力に水を差すことになります。

　またGHG削減が成功したとしても、その成果が見えるのは、私たちの子の世代、あるいは孫の世代になります。そこで私たち世代

のGHG削減努力は、どれだけ次世代、あるいはそれより先の子ども
たちの地球環境を考えられるかということにかかってきます。

　将来世代よりも現世代のほうが大事と考えるような、**社会的割引率**が高い人々の間では、GHGの削減努力は鈍ってしまう懸念があるのです。

GHG排出量の測定

　脱炭素化の取り組みを日本が行う中では、排出量を減らしながら、GHG の吸収源を拡大する必要があります。後者には、例えば木が成長の過程で GHG を吸収・貯蔵する性質に着目して、樹齢を若返りさせながら、森林面積を拡大することがあります。

　GHG 排出量の測定範囲にスコープという考え方があります。例えば**スコープ2**は、自社購入の電気等の使用に伴う GHG の**間接排出**になります。IT 系サービスを行う企業は、主にスコープ2が対象となり、GHG フリーの電気を購入することで自社の排出量を減らすことができます。

GXへの挑戦

　特に重要なのは、**スコープ1**といわれる、自社での製造プロセス等から**直接排出**される GHG をどのように減らすかという点です。

　スコープ1の GHG を減らすには、これまでの化石燃料からバイオ燃料などに燃料転換したり、原材料それ自体を変えたりするなど、抜本的な製造プロセスの改革が求められるといわれています。

　製造業での GHG 多排出企業は、こうした改革に取り組み始めていますが、まだ実用化されていない技術が必要とされている領域も多いと言われています。例えば、鉄鋼産業では鉄鉱石から鉄鋼を作るときのプロセス（高炉といいます）で大量の GHG を排出することが知られています。GHG を減らすためには、今のところ、水素還元技術が有効といわれていますが、まだ実用化に至っていません。

実用化に向けての不確実性が高く、費用面でも巨額となりがちな研究開発は、企業単独では行うことは躊躇することが予想されます。そこで、脱炭素化に向けて官民が共同して取り組む必要性が出てきます。

気候変動に対する緩和と適応

　ここまでは GHG の排出削減や GHG の吸収をすることで、地球温暖化を**緩和**する方策について議論をしてきました。本章の以降の節でも、緩和策を念頭に議論をします。

　他方で、既に起こっている気候変動の影響を所与としたもとで、温暖化の影響に対してその被害を軽減・回避するための**適応策**についても、政策的に準備を怠りなくしておく必要があります。降水量の増加に伴う防災対策や、高温や水害にも耐えられる農作物の品種開発などが適応策に合まれます。

　気候変動は、今の人類の英知を持ってしても不確実な要素が大いに残る事象です。温暖化の最悪の結果がどの程度の確率でいつ生じるかは誰も経験したことのない、ファット・テールの事象（確率が極めて小さい稀な現象）でもあります。時間が経つと、これまでの努力を一掃するようなイノベーションが登場する可能性もないとはいえません。

　こうした不確実性のもとで、将来世代に健全な地球環境を残すことが現世代である私たちの責務だといえます。

30秒でわかる！ ポイント

カーボンニュートラルの道筋

- カーボンニュートラル（CN）とは、温室効果ガス（GHG）の排出量と除去量を相殺して**ネットでGHGをゼロにする**ことです。
- これにより、世界的な平均気温上昇を産業革命以前と比べて2℃よりも十分低く保つとともに、**1.5℃に抑える努力**をすることにしています。
- この実現に向けて、**京都議定書**の後継の国際的な枠組みである**パリ協定**のもとに、120以上の国・地域が2050CN目標を掲げています。

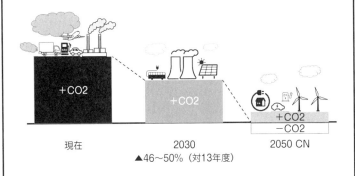

| 現在 | 2030
▲46〜50%（対13年度） | 2050 CN |

出典：環境省　脱炭素ポータル（https://ondankataisaku.env.go.jp/carbon_neutral/）より作成。（アクセス日：2022年1月20日）

10 hours
Global Warming
Countermeasures
9

外部性／公
共財と地球
温暖化対策

▶ 05

炭素税と
再エネ政策

　ＧＨＧの排出は負の外部性を伴うために、社会的に望ましい量よりも過大に排出されがちです。過大な排出量を社会的に適正な量にまで減らすためにはいくつかの政策手法が考えられます。

カーボンプライシングの類型

　１つは**炭素税（ピグー税）**です。ＧＨＧを排出することに対して経済的なペナルティーを与える手法です。GHG１トンの排出に対する税額が高ければ、それだけＧＨＧを減らす誘因になります。炭素税は、政府にとって税収を上げられるだけでなく、CN の達成にも近づけるので、**二重の配当**をもたらすともいわれます。

　もう１つの手法は、GHG を減らすことに対して補助金を出すものです。例えば石油火力発電から排出される GHG を減らすために、その減少分１トン当たりに対して補助金を出すというものです。わが国では、再エネに対して補助金（**FIT**）を出していますが、太陽光発電量が増えれば、それだけ石油火力発電量が減りますので、FIT は再エネに特化した**減産補助金（ピグー補助金）**（→2-05）といえます。

　炭素税や減産補助金が価格規制であるのに対して、数量規制としては**排出量取引**があり、9-06で触れることにします。なお**カーボンプライシング**という場合には、上記の３つ（税、補助金、排出量取引）を総称しています。

交渉によるGHG削減

　こうした政府が関与する手法に対して、環境への「所有権」が明確であれば、汚染者と非汚染者の間での自律的な交渉によって、政府の関与なく問題を解消できるとしたのが**コースの定理**です。被汚染者に既得権益（きれいな環境を享受する権利）があれば、汚染者が既得権益者に補償を行い、汚染者に既得権益（自由に生産を行う権利）があれば、逆に被汚染者が減産補助金のような補償を行うことで、汚染を減らすことができるというものです。

　コースの定理をCNに応用することの問題は、①GHGにおいて所有権が必ずしも明確でないこと、②被汚染者が地球の住民全体であること、の2点から交渉が困難であることが挙げられます。

効果的なGHG削減の考え方

　効果的なGHG削減のためには、GHGを1単位削減するのにかかる費用（**限界削減費用**）が低い領域から、順にGHGの削減に着手することが効率的です。例えば世界全体でいえば、限界削減費用が最も低い国々からGHG削減を行うことが世界全体のGHG削減費用を最小化するはずです。

　もっとも限界削減費用が低い国は途上国であることが多く、GHG削減がそうした国々の経済発展の支障にならないように配慮することが必要です。

　1つの方法は、先進国などが自国のGHG削減技術を限界削減費用の低い国に供与したときに、供与先国でのGHG削減量の一部を自国の削減分として算入を認めることです。こうすることで、海外への技術協力を行いながら世界のGHGを削減するためのインセンティブを与えることができます。

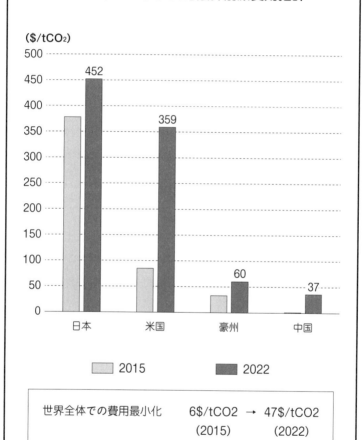

2030年におけるCO_2限界削減費用推計

($/tCO_2$)

日本 米国 豪州 中国

2015 2022

世界全体での費用最小化　6$/tCO2 → 47$/tCO2
　　　　　　　　　　　　(2015)　　　　(2022)

注：米国（2015年）の限界削減費用推計は2025年のもの。
出典：秋本圭吾（2022）「2030年国別貢献NDCsの排出削減努力の評価とその含意」ALPS国際
シンポジウム資料をもとに作成。
https://www.rite.or.jp/system/events/5_akimoto_1.pdf（アクセス日：2022年11月24日）

10 hours
Global Warming
Countermeasures

9

外部性／公
共財と地球
温暖化対策

▶ 06

排出量取引

　排出量取引には、排出者に**排出枠（キャップ）**を割り振り、排出量が排出枠よりも少なければ、余剰枠を排出権として他の企業に売ること（トレード）ができる方式があります。**キャップ・アンド・トレード**制度です。

排出量取引の論点

　排出量取引の難しさは、排出者への排出枠の配分にあります。政府は企業が排出する以上の排出枠を無償で与えることで、余剰枠の取引から生まれる収入を事実上の**補助金**として与えることもできます。そこで各企業にどれだけの排出枠を与えるかは政治的になりがちです。より多くの排出枠を求めて、企業は**ロビー活動（ロビイング）**をしがちになると考えられます。

　炭素税が企業や産業を問わず、炭素1トン当たり一律の税率で課すことを原則とするのに対して、排出量取引では、産業や企業の置かれている状況に応じた配慮を排出枠の配分という形で行うことができる柔軟性にメリットがあります。

様々な環境価値

　わが国では東京都や埼玉県が運用するキャップ・アンド・トレード制度のほかに、事業が実施されなかった場合をベースラインとし、それと比較して事業が実施された場合に削減される GHG 分を取引できる方式もあります。これを**ベースライン・アンド・クレジット**

方式といいます。

再エネや水力、原子力などの発電に限定して証書取引を行う**非化石価値取引市場**や、企業や自治体が省エネ機器を導入したりすることで削減されたGHGをクレジット化して取引する**J-クレジット制度**が該当します。

また技術移転などによって他国でのGHG削減分を、日本の貢献分としてクレジットとして取得する**二国間クレジット（JCM）**もあります。

環境規制の緩い国からの輸入品に対して、GHG相当の関税を課す動き（→9-07）が欧州を中心に見られます。わが国ではGHG削減につながる様々な取り組み（**省エネ法**や**高度化法**、**FIT賦課金**、**ガソリン諸税**など）を行っています。こうした取り組みをGHG削減努力として海外に見えるようにすることによって、国内での取り組みがしっかり評価され、関税による二重の負担が生じることを避けることが大事です。

求められるGXへの取り組み

日本は2030年度にGHGを2013年度比46%削減することや2050年CNを国際公約しています。この達成を目指すためには、日本の産業構造を変革するくらいの技術革新が必要になります。

既に脱炭素技術が利用可能あれば、炭素税等を課すことで脱炭素技術への誘導が可能ですが、技術がないなかで炭素税を課しても行動変容は起きず、単に海外へ生産拠点を移す（**リーケージ**）だけになってしまいます。

技術開発では、まずGHGの3割近くを占める電力について、再エネや原子力の再稼働で足りない分は、アンモニアや水素を使って、脱炭素化を進める必要があります。また鉄鋼や化学、セメントなどの材料においては、**合成燃料**への代替など、製造プロセスの抜本的な見直しも必要でしょう。残りのGHG排出量は、地中に埋めたり

再利用したりする必要があります。これを **CCUS** といいます。

成長を志向するカーボンプライシングの考え方

　日本では、これらの技術開発に対する投資を今後先行的に行うこととし、成長を志向することによって、カーボンプライシングを導入する素地をまずは固めることとしました。

　カーボンプライシングの導入は、GX の進展によって**石油石炭税**や **FIT 賦課金**の減少が見込まれる時期以降とし、カーボンプライシングからの収入が入るまでのつなぎは、債権（**GX 経済移行債**）を発行することにしています。

　カーボンプライシングは、炭素に対する賦課金と排出量取引で構成されます。なお後者（**GX-ETS**）は、無償枠を割当てることができる点は、排出量制度で触れた通りです。

　長期にわたる大規模な GX 投資の仕組みは、わが国においてもこれまでに類を見ない政策になります。官民でのＧＸ投資の進捗状況や、グローバルな動向や経済への影響も踏まえながら、政策の見直しを行う EBPM（→1-07）がここでも求められます。

30秒でわかる! ポイント

排出権取引の仕組み

排出権取引制度は
・事業者に排出に応じた排出枠の調達を義務づけたうえで
・企業間で排出枠の過不足を取引することで
・社会的な排出量を、効率的に削減しようとする制度です。

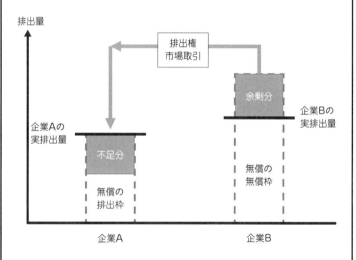

出典：GX League（https://gx-league.go.jp/）より作成

外部性／公
共財と地球
温暖化対策

▶ 07

環境と貿易

　貿易と環境とは相互に影響を及ぼし合う関係にあります。

　２つの国に注目して、貿易の環境への影響を考えてみましょう。貿易によって、自国が GHG を生産工程で多排出する製品を生産しなくなり、他国からの輸入に特化するようになったとします。すると貿易によって、自国での生産過程における GHG 排出量は減少しますが、輸出国である他国の GHG 排出量は増加します。

環境政策と貿易政策の関係

　環境政策が貿易に影響を与えることもあります。引き続き、自国と他国の二国を想定します。

　例えば、自国が GHG 排出に対して**炭素税**を課したとしましょう。自国の生産工程で GHG を排出する製品の生産コストが上がることになります。

　もし同じ製品を他国が炭素税を課すことなく生産しているとすると、自国製品の生産コストだけが上がることになり、他国に対して競争力を失います。自国からの輸出が減るか、他国から自国への輸入が増えるかすることで、自国製品の生産量は減少することが予想されます。

　結果として、GHG を抑えるために自国が導入した炭素税に、他国が**フリーライド**した形になり、自国の生産量の減少は他国の生産量の増加で埋め合わされることになってしまいます。さらに炭素税を嫌って、企業が自国から他国へ生産場所を移すこと（**リーケー**

ジ）も考えられます。

　こうすると炭素税を入れた自国の GHG 排出は減りますが、他国での GHG 排出は増えることになり、地球規模での温暖化対策につながらないことになります。

炭素国境措置

　炭素税を課す自国は、炭素税分の関税を課すこと（**炭素国境措置、CBAM**）で、自国において自国製品と他国製品を同じ競争条件に立たせることができます。輸出に関しては、炭素税を課さない価格で輸出することを許すことで、他国製品と同等の競争条件で競争が可能になります。

　WTO（→5-05）はこれまで 2 つの原則をもとに、貿易の自由化を進めてきました。

　第 1 の原則は、**最恵国待遇**です。いずれかの国の財・サービスに与える最も有利な条件を、他のすべての加盟国の同種の財・サービスに与えるべきという原則です。

　第 2 の原則は、**内国民待遇**です。国内品よりも重い国内税や国内法規制が、輸入品に対して課せられてはならないという原則です。

　ところが、WTO では、未だ環境に対する規程が明確ではありません。欧州では CBAM という炭素国境措置を開始しますが、自国製品と他国製品を異なる扱いをするこの制度を WTO 上どのように捉えるべきか、議論が必要でしょう。

　このとき、環境対策を理由に差別的な関税を課すような**偽装された保護主義**にも注意する必要があります。

　外部性を持つ地球温暖化の取り組みに対しては、世界全体での対応が必要となります。先進国が GHG を排出して経済成長を遂げたことを踏まえ、途上国との公平性や GHG 削減に対する産業ごとの技術的環境の差異も考慮に入れつつ、地球温暖化対策をグローバルな協調を通じて進めていく必要があります。

炭素国境調整

国内

厳しい気候変動対策

工場排出に炭素税

輸入品

公平な条件で競合

製品に価格転嫁

コスト発生 → 国産品

② 税還付　← 税関 →　① 炭素課金

輸出　　　　　　　　　　　　　　　　　輸入

外国

気候変動対策なし

炭素コスト
なし

公平な条件で競合

出典：日本エネルギー経済研究所「国境炭素調整措置の最新動向の整理」を一部抜粋・改変。
https://www.meti.go.jp/shingikai/energy_environment/carbon_neutral_jitsugen/pdf
/001_02_00.pdf（2022年11月16日アクセス）

9

外部性／公共財と地球温暖化対策

10 hours
Global Warming
Countermeasures
9

外部性／公
共財と地球
温暖化対策

▶ 08

カーボンの
可視化

　資本主義社会は**消費者主権**です。消費者による自由な意思に基づく購買行動によって、企業等は消費者の選択にかなうよう、競争を繰り広げています。

　そこでCNを資本主義経済において実現するには、消費者がGHGを意識して購買行動を行うことが不可欠になります。その前提には、GHGの可視化（見える化）が求められます。

炭素の見える化

　カーボンフットプリント（**CFP**）は、原材料調達から輸送・製造を経て、消費者の手に届くまでに排出されるGHGを積算して表示するものです。

　政策的には2009年頃からCFPは取り組まれましたが、うまくいきませんでした。その理由は、CFPの表示が消費者に浸透しなかったことに加えて、企業側におけるCFPを認証するためのコストもかさんだ点が指摘されています。

　他方で、デジタル化によって企業の**サプライチェーン**を見える化させるための素地が整ってきたこと、そして2050年のCNに向けての取り組みが日本でも加速化していることを踏まえると、改めてCFPに挑戦することの意義があるでしょう。

　もちろん消費者のなかには、どれだけGHGが高かろうが、安い商品を選択する人がいると思います。他方で、同じ消費者のなかには、若干高い価格を支払ってでも、GHG排出の低減に貢献しよう

という思いのある人もいるはずです。

デジタル化によって、自らの購買行動がどれだけの GHG 排出を生み出しているのかがわかれば、こうした多様な消費者のニーズに応えることができますし、消費者主権のもとで、カーボンニュートラル社会への第一歩を踏み出すことができると思われます。

消費ベースのGHG排出量に注目

GHG の国別の比較は、生産ベースでの GHG 排出量で見るのが一般的です。これはサプライチェーンの上流における排出量を計測しやすいことが一因に挙げられます。

他方で、市場経済に基づく資本主義社会が、消費者主権であることを踏まえると、GHG の比較は、サプライチェーンの上流で行うのではなく、下流である消費ベースにおいて行うべきと考えられます。

CFP によって GHG を見える化し、消費者が自ら購入する GHG をしっかり補足すること、それによって CN 社会の実現のために意識変革を促すことができます。

GHG 排出量を生産ベースでなく消費ベースで捕捉することの議論は機が熟しておらず、現在のところ、技術的にも困難です。しかし今論じても意味がないことでも、将来には消費ベースでGHG排出量を補捉することが技術的に可能なときが来るかもしれません。

実現可能な次善策を用意しつつも、本来あるべき最善策は何かを常に意識し続けておくことは、経済学を政策立案の現場に定着させるうえで大切な姿勢だと思われます。

カーボンニュートラルの可視化

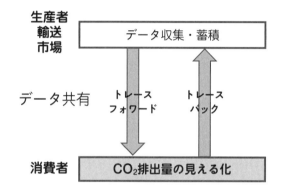

「CO2排出量の見える化」によって消費者の選択を促進

**生産者
輸送
市場**　　データ収集・蓄積

データ共有　　トレース
フォワード　　トレース
バック

消費者　　**CO₂排出量の見える化**

- 上流のみのCO2排出量算出だけでは、消費者の行動は変わらない
- CO2削減を消費者に促す、データ・DXによる消費側での「CO2排出量見える化」が市場競争を通じた世界的な脱炭素化につながる

日立東大ラボ　産学協創フォーラム（2021.1）より作成。
http://www.ht-lab.ducr.u-tokyo.ac.jp/wp-content/uploads/2021/02/d22fae3d2a4da4
02e951c25757eaa5d2.pdf

日本の医療保険制度

情報の非対称性が本質的な分野の1つに医療があります。

医療において最も重要な意思決定者は、患者と医師です。医師は、検査や診断等から得られる情報や医学的な専門的知見を持ち、患者は自らの体調についての情報を持ちます。しかし互いの情報を完全に共有させることは、今のところ十分できません。そうしたなかで治療の判断が下されることになります。

医療は人々の命に関わる行為ですので、倫理性など経済性以外にも様々な側面が要求されます。加えて、世界の多くの国々が医療費負担にあえいでおり、効率的な医療提供が社会的な課題になっています。

この章では、主に医療政策を題材にして、経済学の観点から論じたいと思います。

日本の医療保険の特徴

日本の医療保険制度は、海外とは異なる特徴があるといわれています。ここではその特徴を3つ挙げたいと思います。

1つ目は**国民皆保険**です。こちらについては10-02で取り上げます。

2つ目は、医療の受診のしやすさ（**フリーアクセス**）です。保険証があれば、自分の好きな医療機関で受診できます。

もちろん紹介状なしでの大病院の受診には、上乗せの窓口負担が求められることがあります。しかし、多くの海外諸国では、主治医

や地域の担当医の紹介状がなければ、自らの望む病院に行くことも許されず、また許されたとしても、相当に長い時間や日数を待たされることになります。

そうした海外の状況と比較すると、日本の受診のしやすさの度合いは国際的にも突出しています。

3つ目は、傷病の治療に必要かつ適切な医療サービスは、すべて医療保険でカバーされている点です。**有効性や安全性**が確保された新しい医薬品・医療機器や新技術を、迅速かつ定期的に保険収載することとしています。

なお、3つ目の特徴の裏返しになりますが、現在保険給付されていない医療サービスは、必要かつ適切でないものとされており、そうした医療サービスを保険診療と組み合わせて提供することは、**混合診療**として提供が禁止されています。

つまり保険でカバーされていない医療サービスを受けようとすれば、保険でカバーされている医療サービスも含めて保険を一切使うことができず、患者自身が費用を支払うことになるのです。

技術の進歩と保険適用のあり方

現在、**AI**や**IoT**などの技術を使ったデバイスの進歩が著しいなか、AI技術を搭載したアプリが保険適用されるようになるなど、必要にして適切な医療サービスの中身は変わってきています。

保険収載されたか否かにかかわらず、給付範囲を適宜見直しつつ、新たな技術の登場で有効性が劣るようになった医療サービスは保険収載から外すなどといったことも必要になります。

また保険外で診療を受ける場合でも、保険診療と同様に扱われる領域を柔軟化することで、医療費を適正化しつつ、医療技術の進歩や患者の多様なニーズに対応する姿勢が問われています。

日本の医療保険制度の特徴

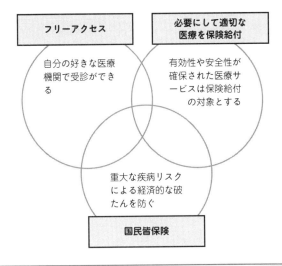

フリーアクセス

自分の好きな医療機関で受診ができる

必要にして適切な医療を保険給付

有効性や安全性が確保された医療サービスは保険給付の対象とする

重大な疾病リスクによる経済的な破たんを防ぐ

国民皆保険

今後の１つの方向性

進展する少子高齢化

増える現役世代の負担

税制の持続可能性への不安

保険でカバーされていない医療サービスを自己負担で利用しつつ、医療保険を使える範囲拡大
（保険外併用療養の充実）

＋

民間保険の活用

▶ 02

国民皆保険

情報の非対
称性と医療
政策

　日本は1961年に**国民皆保険**を達成し、すべての国民に医療保険への加入を義務づけています。現在でも医療保険の未加入者がいる国があることを思うと、当時において国民皆保険の達成は世界でも画期的でした。

　いつなんどき医療が必要になる場面に遭遇するかわかりません（＝**医療需要の不確実性**）。医療保険は、どのような健康状態であれ、全員に加入を義務づけている**社会保険**です。

医療保険制度

　日本の医療保険は、職域や居住地域、年齢に応じて加入すべき保険者（健康保険組合や国民健康保険など、私たち被保険者が加入する保険組織）が義務的に決まります。

　国民は保険料を納付する義務があり、その代わり、保険証を提示することで、一定割合の自己負担のもとで医療を受けること（**現物給付**）ができます。

　自己負担を除いた医療費は、医療機関や薬局から**審査支払機関**を通じて診療報酬請求書（レセプト）が保険者に送付・請求されます。保険者はレセプトを適正と判断すれば、審査支払機関に医療費を支払い、それが医療機関等に送金されることになります。

　なお自己負担額には上限があり、その上限を超える額は保険者に請求されます（**高額療養費制度**）。さらに、出産手当金・傷病手当金などの**現金給付**もあります。

審査支払機関ではレセプトの記載内容が点検され、不適切診療・投薬の疑いがあるレセプトについては、支払いを拒否したり、これに不服のある医療機関等が再審請求をしたりすることができます。

　なお民間保険であれば、健康リスクが低い人ばかりを集めたり（**クリームスキミング**）、健康リスクの高い人ばかり集まってきてしまったり（**逆選択**）することに対して、対策を講じる必要がありますが、公的保険は強制加入なので、そのような心配はありません。

　医療保険は、国の予算と同様に、**各年度で収支を均衡**させることが原則になっています。そこで、保険者は毎年度、翌年度の医療需要を推計しながら、その額がまかなえるように保険料を設定しています。しかし現実には保険料収入だけでは足りず、相当割合の税収が国から補填されており、医療費の適正化が大きな課題とされています。

医療の標準化

　米国などの外国の医療保険には、民間で提供されているものがあります。民間保険に加入する患者は、民間保険と契約している医療機関や医師に診察・治療を受けるときのみ、保険が適用になります。つまり、自ら加入する保険が契約を結んでいない医療機関で治療を受けると、保険が適用されず、自費になります。

　このとき、民間保険は利潤を高めるために、医療機関や医師の無駄な医療行為を削減させるインセンティブを持ちます。

　最近、海外では、標準化・デジタル化された医療診断・行為を民間保険が積極的に取り入れて、医療機関や医師に利用させることで、大幅な医療コストの削減に成功しているケースが出てきています。

　日本でも、電子カルテのデジタル化などが進められていますが、遅れがちとの指摘もあります。医療の効率化に向けた誘因を保険者や診療機関にどのように持たせるかが、1つの大きなポイントだと思われます。

医療保険制度の仕組み

医療保険には、自営業者や非正規雇用者等が加入する**国民健康保険**、サラリーマンなどが加入する被用者保険（**健康保険組合**や**協会けんぽ**など）、75歳以上の人が加入する**後期高齢者医療保険制度**があります。

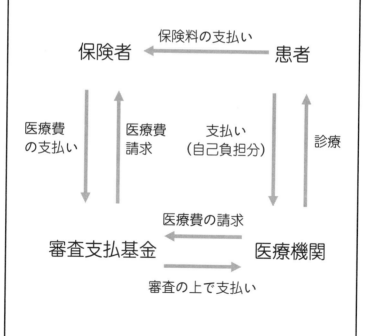

保険料の支払い

保険者 ← 患者

医療費の支払い　医療費請求　支払い（自己負担分）　診療

医療費の請求

審査支払基金 ← 医療機関

審査の上で支払い

▶ 03

フリーアクセスと
シグナリング

　日本では、医療機関へのフリーアクセスが保証されていますが、他方で医療機関には**広告規制**が課せられています。広告によって患者が惑わされないようにとの**行政の配慮**であると思われます。

医療情報の欠如

　広告規制のもと病院に対して治療実績や医師の手術実績といった医療の質に関する情報の公開も義務化されていないことから、患者は医療機関を医療サービスの質で判断することが困難な現状にあります。

　売り手が自らの医療の質を伝えられない場合、政府が病院ごとに医療の質を認定・認証することが考えられますが、わが国にはそのような制度もありません。

　こうした場合、小さな病院や診療所でも、大病院並みの高度な医療機器に設備投資したりすることで、患者の選択を促そうとするかもしれません。また自由開業制のもと、高額医療機器の導入は医師の確保にも役立つ可能性があります。

　いずれにしても、こうした医療機関の質を示す**シグナル**として過剰な設備投資が促される可能性があります。

　図には、MRI導入件数を1990年から約30年間にわたって示しています。MRIとは画像検査装置で、この30年間で世界でも広く普及してきた高額医療機器です。人口当たりの導入件数でみると、日本は米国の1.5倍程度の導入が医療機関でなされていることが分か

ります。

高額医療機器とシグナル

　もっとも高価な医療機器が導入されていることが、病院が提供する医療サービスの質を正確に伝達するかには疑問があります。高い質の医療サービスを提供する病院は儲かるので、高価な機器に投資できるということであれば、高額医療機器が医療の質のシグナルとして働きます。

　しかし、そもそも医療の質を評価できていない現実では、どの病院も借り入れをして、高価な医療機器を導入することで、高価な医療機器が質のシグナルとして機能することを妨げようとするはずです。**逆選択**を引き起こして、悪貨（質の悪い病院）が過剰な投資をすることで、患者のために必要以上の無駄な投資を行わない良貨（質のよい病院）を駆逐しようとするわけです。

　実際にわが国では高価な医療機器の導入件数が他国と比べて突出している現状があります。

　誘発需要（→10-04）が存在するならば、医療機関は高額医療機器を使った余計な検査や治療を勧めるかもしれません。高騰する国民医療費の適正化のためにも、医療に対する国民のリテラシーを信頼した制度設計が求められます。患者の自律的な判断を尊重して医療機関の実績を収集・公開していくなど、医療分野の情報の開示と透明化が一段と求められます。

　こうした取り組みは、患者が医師と共に治療の判断に責任をもつ患者主体の医療を実現することにつながるものと期待されます。

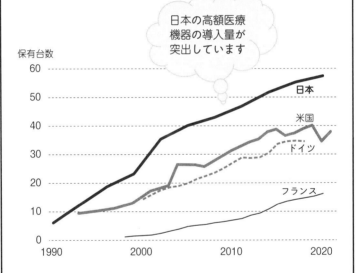

MRI導入件数
（人口100万人当たり）

> 日本の高額医療
> 機器の導入量が
> 突出しています

保有台数

60 ...... 日本

50 ...... 米国

40 ...... ドイツ

30 ......

20 ...... フランス

10 ......

0

1990　　　2000　　　2010　　　2020

出典：OECD Health Care Resources, Magnetic Resonance Imaging units, total, per million populationより作成。ドイツは2018年のデータ。

▶ 04

誘発需要と
モラルハザード

　購買の判断に専門的な知見が求められる場合、専門家のアドバイスによって需要が増減することがあります。例えば医療の場合、患者（**依頼人＝プリンシパル**）は自らの病気の有無や治療の要否を判断できない場合、医師（**代理人＝エージェント**）に判断を委任し、検査を受けたり、治療を受けたりすることになります。

情報の非対称性による誘発需要

　エージェントがプリンシパルに対して忠実ならば検査や治療に対して患者に合った選択をしてくれますが、エージェントは自らの収入を増やすために、余計な検査や治療を勧めるかもしれません。

　日本は海外と比較して人口当たりの病床数が多いですが、作り過ぎた病床を埋めるために医療需要を作り出すという、供給者による**誘発需要**が医療費を高めているのではないかという指摘もなされます。

　いずれにしても医療機関や医師の**モラルハザード**は国民医療費の増加にもつながるだけに問題です。

他産業の事例

　こうした誘発需要をもたらしかねないモラルハザードは、他の専門性を必要とする産業にも見られるといわれます。

　例えば、不動産売買を取り上げてみましょう。特に中古住宅の売買では、建物の状況に対して、これまでその中古住宅に住んでいた

売り手は良くわかっていますが、この中古物件の購入を検討している買い手には建物の外見上のこと以上は通常分かりません。そこで中古住宅売買においては、売り手と買い手との間に物件の質における**情報の非対称性**（→2-06）があると考えられます。

　こうした情報の非対称性がひどい場合には、買い手が中古住宅の売買を躊躇することにもなりかねません。そこで、物件の瑕疵の有無や瑕疵の状況について検査を行う、専門家による**インスペクション**が、中古住宅売買には欠かせません。

　しかし専門家が売り手側に立つと、物件の売買を促すために、物件の瑕疵を過少に評価したり、悪質な場合には申告しなかったりすることが考えられます。この場合、買い手は物件の購入をした後に瑕疵に気づくことになりますが、購入後ではその物件の瑕疵が、売買の前から存在していたのか、売買後のものかを突き止めることが困難な場合も考えられます。こうしたモラルハザードにより、瑕疵のある不動産が需要されるのも不動産売買における誘発需要といえます。

　こうした誘発需要を回避するためには、買い手側の立場に立ってアドバイスができる専門家の養成が不可欠になります。例えば、民間職種を政府が認証し、売り手の説明の際には必ず認証された専門家を同席させることを義務づけるなど、売り手と買い手との間をつないで、情報の非対称性を埋める人材育成が、モラルハザードを防ぐ一案となります。

　医療の場合にも、患者のなかには、複数の医師から診療を受けてセカンド・オピニオンを求めることで情報の非対称性を埋めようとするケースも見られます。医療費適正化の取り組みのなかで、どのようなやり方が最も効果的かを議論する必要があるでしょう。

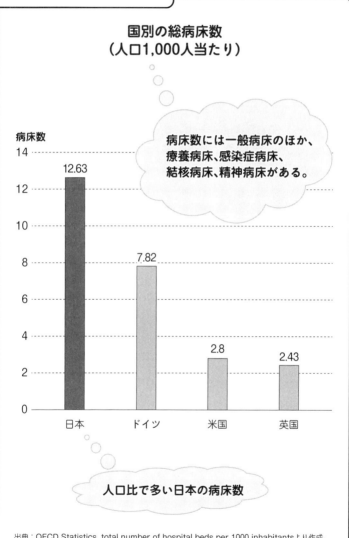

国別の総病床数
（人口1,000人当たり）

病床数には一般病床のほか、
療養病床、感染症病床、
結核病床、精神病床がある。

病床数

12.63	日本
7.82	ドイツ
2.8	米国
2.43	英国

人口比で多い日本の病床数

出典：OECD Statistics, total number of hospital beds per 1000 inhabitantsより作成。
米国は2019年、その他は2020年のデータ。

医療・介護ＤＸ

　日本では、個々の医療サービスの価格を**公定価格**である**診療報酬**として定め、**出来高で支払い**を医療機関に行うことになっています。

　各サービスの価格は、１点10円として全国一律に点数として設定され、原則２年に一度（薬剤は１年ごと）に改定が行われています。

　なお診療報酬は点数だけでなく、保険請求できるための要件も規定しています。例えば入院料における施設要件や第三者評価の有無、医療提供体制において配置すべき医師等の数や経験の程度など、様々な保険算定のための要件づけがされています。

　こうした保険請求の要件によって、診療報酬は価格だけでなく、量や質も制御することが可能です。個々のサービス提供を統制することを通じて、国民医療費を抑制しつつ、政策目的を達成しようとしているわけです。

　日本では、傷病の別や加入する保険者を問わず、すべての傷病の治療に必要な医療サービスを、低廉な費用で**全国一律**に保障する仕組みが成り立っています。

全国一律の問題

　診療報酬における要件づけは、政策目的に向けて医療機関等を統制するうえで強力なツールですが、他方で全国一律で融通が利かないために、医療サービス提供側の創意工夫を奪っている可能性が懸念されます。

例えば、患者7名に対して看護職を1名配置すること（「7対1」）に診療報酬を新たに加算する場合を考えてみましょう。これまで看護職1人に対して7名を超える患者を全国的に配置していた場合、多くの医療機関で看護職を増やす必要が生じ、看護師の労働市場がひっ迫することが想像できます。

　ここで例えば、新しいデバイスを患者に装着したり、病室にセンサーを設置したりして新たな**DX**を導入することで、「7対1」と同等もしくは、より手厚い看護を提供できる可能性があるとしましょう。しかしそうした DX は診療報酬上の要件に該当しない以上、不適切な医療サービスとみなされることになります。

医療DXに向けて

　医療や介護分野における質の評価でよく使われるのは、患者1人当たりの看護師数といったインプットの評価で、これを**ストラクチャー（構造）**といいます。診療報酬の保険請求の要件も、このストラクチャーに基づいています。ストラクチャーの要件は、第三者からも確認が容易で、わかりやすいですが、必ずしも医療や介護サービスの質を表しているわけではありません。インプットが多くても、効率の悪い医療サービスを提供していれば、それだけ質が劣ると考えられるからです。

　質を評価するためには、患者の状態が医療サービスによってどれだけ改善したかという**アウトカム（結果）**や、正しい手順でサービス提供がされたかという**プロセス（過程）**を見るべきだといわれます。患者は、状態が改善することを望んで医療サービスを受けている以上、質を重視していると考えるべきでしょう。

　そうであるならば、同じアウトカムを達成するために、正当なプロセスを踏んでいるのであれば、異なるストラクチャーを許容する必要があります。先に例として触れた「7対1」という診療報酬上の要件づけと同等のアウトカムを達成できるのであれば、安全性が

確保されたもとで、新たなデバイスやセンサーなどを使えるようになれば、医療DXは大きく進展することが期待できます。

　残念ながら、医療サービスのアウトカムやプロセスは、患者がしっかり健康管理をしていることに依存するなど、情報の非対称性や不確実性が大きいことが知られており、現在のところ把握が困難とされています。しかし、こうした点も患者の状態のリアルタイムの把握など、デジタル化の進展で可能になる診療領域も出てくる可能性があります。

　デジタル化の進展を促すためにも、現実の後追いではなく、将来を見据えて制度設計をしていくことが望まれます。

介護DXからの学び

　介護現場では働き手不足が深刻化しています。介護職は労働集約的で、介護需要が高まるとともに人材需要が高まる傾向があります。一方で、介護は、医療と同様に、サービス価格が政府によって原則固定的に決められています。そこで、介護施設が経営を成り立たせるためには、介護需要の高まりに合わせて介護職への給与を上げることに制約があり、それが働き手不足につながっているのです。

　こうした介護労働市場に対する危機感から、介護ではいち早くDXへの取り組みが始まっています。見守りセンサーの導入に対して、**介護報酬**上の人員配置基準の緩和を措置する等、技術を活用する介護施設を後押しする報酬体系になってきています。

　介護DXの取り組みに学びつつ、医療でも医師不足に悩む過疎地域からでもDXの取り組みを進める必要があるでしょう。

▶ 01

競争政策の
新たな局面

　市場メカニズムが機能する前提には、消費者が何者にも支配・強制されず、自らの意思に基づいて選択できる環境が整っていることが求められます。このとき、消費者に選択されようと、企業は価格を下げたり、品質を上げたり、イノベーションに努めたりして、供給者間の競争が生み出され、**市場メカニズム**が機能します。

　市場メカニズムを通じた競争が経済を活性化させるという考え方が、経済政策の基調として定着したのが規制緩和の時代（→3-04）です。規制緩和の背景には**シカゴ学派**の強い影響があります。

　シカゴ学派は、規制を排して自由な市場環境に任せれば、市場機能が回復して完全競争市場が生み出されるとします。市場が機能していれば、独占であっても、価格は完全競争と同じようについているはずだとします（**コンテスタビリティ**と言います）。

　政府が行う政策は市場メカニズムの機能の妨げにしかならず、日本の独占禁止法のような競争を促進するために作られた政策（**競争政策**）も、その例外ではないとシカゴ学派はみなしました。

経済の寡占化

　ところが2015年以降、**経済の寡占化**が強まっている点がＩＭＦ（国際通貨基金）等の指摘で明らかになり、市場支配力の拡大への懸念が国際的に高まりました。日本においても、シェアでみた集中度が高まっています。

　そもそも市場メカニズムに対する楽観視は、2008年秋の世界経

済危機で大きく後退していました。それまでは、市場が生み出す富の格差も、経済成長の原動力と考えられましたが、富の集中がさらに進むなかで、経済活動へのトリクルダウン（波及効果）が見られなかったためです。

　シカゴ学派の主張である、自由な市場が市場支配力を抑止するという考え方は、理論的な可能性に過ぎず、妥当性に欠けるとの批判を生み出しました。

競争基盤の再整備

　日本が主に直面している4つの新たな局面について3-06で触れました。

　デジタル化は、巨大IT企業が競争基盤を自らで提供する点で、これまでの競争政策が所与のものと仮定してきた競争基盤の見方を変える必要を迫っています。サービスが無料で提供されているように見えながら、実は**個人情報**との物々交換が、利用者が明示的に認知しないままに行われている実態や、そうした**データ集積**が競争上の不公正を生み出す可能性について対応が求められています。

　人口減少では、市場規模の縮小に合わせて、供給の適正化を図るために、産業を再編・集約する政策上のニーズが生まれていますが、このニーズと競争政策上の懸念が衝突する事例が見られています。

　そのほかにも**経済安全保障**（→5-05）や**地球温暖化対策**（→9-04）においても、競争基盤のあり方について新たなアプローチが競争政策に求められています。

　本章では、デジタル化や人口減少がもたらす競争政策上の関心に加えて、そのほかの競争政策上の観点も盛り込んで議論したいと思います。

日本における集中度の高まり

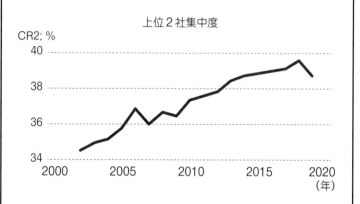

上位２社集中度

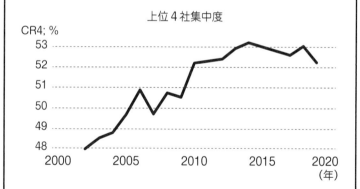

上位４社集中度

出典：五十嵐・本田「日本の製造業における市場集中度と競争環境」CPDP91-J
https://www.jftc.go.jp/cprc/reports/disucussionpapers/r4/cpdp_91_j_abstract.html
なお、上位2(4)社集中度とは、各年における4桁分類の業種での総出荷額に占める上位2(4)社のシェアの和を取ったもの。

▶ 02
カルテル規制と
デジタル化

カルテルとは、複数の事業者が共同行為によって、実質的に競争を制限する行為をいいます。価格を高止まりさせる価格カルテルや、入札談合、受注調整が含まれます。

アダム・スミスは『国富論』にて、「同業者が集まれば必ずカルテルの話になる」と言ったように、カルテルは古くから根強く存在してきました。

OPEC（**石油輸出国機構**）のように合法的なカルテルは稀で、どの国でも独禁法において**不当な取引制限**として、カルテルは厳しく罰せられています。カルテルに対する罰金（**課徴金**）は、カルテルによって事業者が得た利益を社会に還元するだけでなく、ペナルティーを与えることで、カルテルを未然に防ぐことも目的とされています。

また2006年からは未摘発のカルテルの存在を自白した企業に対して課徴金を減免する**リニエンシー**（**課徴金減免**）**制度**が始まりました。**囚人のジレンマ**を使った仕組みで、カルテルの摘発件数も増えています。

カルテルの経済的なメカニズム

カルテルは事業者が望めばいつでもできるものではありません。カルテルが「成功」するためには、以下の3つの要素が必要です。
① 複数の事業者が合意できるような経済的な誘因
② カルテル参加者がカルテルから逸脱していないかを見つけるメ

カニズム

③ カルテルから逸脱した場合に罰するメカニズム

まず①がなければそもそもカルテルは成立しません。また、カルテルが守られていることを確認（②）し、守られていないときの対応（③）が有効に機能しなければ、カルテルは維持できません。逆の言い方をすれば、①から③のどれかを機能させないようにすれば、カルテルを未然に防ぐことができます。

デジタル化の影響

オンラインでの取引が拡大するなか、簡単に価格をデジタル上で検索できるようになりました。**価格の透明性**の向上は、商品を探したり、価格を確かめたりといった**サーチ（探索）コスト**を低減させます。これは、消費者と供給者との間での、**情報の非対称性**を緩和することになり、競争促進的と考えられます。

しかし、デジタル化は他社の価格を観察しやすくしてカルテル逸脱を見つけやすくするため、新規参入が余り期待できない地域独占性の強い市場では、逆に企業同士のカルテルをしやすくするかもしれません。

加えて**アルゴリズム**にも問題があります。AI や機械学習などの技術を利用して、自社の在庫や相手企業の価格水準を精度高く予測できるようになるなかで、価格決定をアルゴリズムに委ねる企業も増えています。

こうした価格アルゴリズムが競合他社の価格を監視し合うことで、これまで規制が対象としてきた価格や数量に対する合意をすることなく、カルテルのような状況を作り出すことも考えられます。

アルゴリズムによるカルテルに対して、独禁法が違法性を問うことは現状では困難と考えられています。意思の疎通を問わず、カルテルにより競争がなくなったかという**効果**に着目してカルテル規制を考えることが大切な視点です。

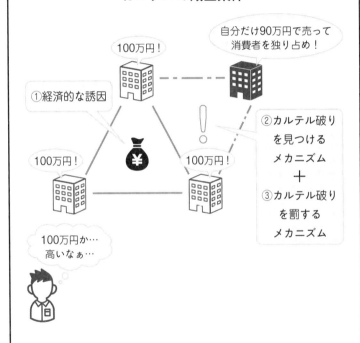

カルテルの成立条件

①経済的な誘因

100万円！

自分だけ90万円で売って
消費者を独り占め！

②カルテル破り
を見つける
メカニズム
＋
③カルテル破り
を罰する
メカニズム

100万円！

100万円！

100万円か…
高いなぁ…

・カルテルの成立条件を崩すことでカルテルを防止することがで
　きます。
・例えば、**リニエンシー（課徴金減免）制度**は、カルテルから逸
　脱したときに罰するメカニズムを弱めることでカルテルをやり
　にくくします。

▶ 03

水平合併と
人口減少

　主な企業合併に、**水平合併**と**垂直合併**があります。水平合併とは、競合する企業同士による経営統合や事業提携を指します。垂直合併は、取引企業同士が合併をする場合を指します。後者は、**垂直統合**ともいい、11-06にて議論することにします。

水平合併の経済評価

　水平合併によって、複数の企業が同じ企業として行動するようになります。つまり、水平合併は、カルテル（→11-02）と同じく、**競争を制限する効果**があります。

　他方で、カルテルと違い、水平合併は、複数の企業が工場などを統合したりすることで、**効率性を向上する効果**もあります。

　競争を制限する効果と効率性を向上する効果のどちらが大きいかは、合併事案によって異なります。社会としては、後者の効果がより大きい合併が望まれます。

　逆に競争制限の効果がより大きい場合は、カルテルと同様に、その合併は社会的に望まれません。この場合、たとえ企業が望む合併でも、**社会的なメリット**の観点から**合併規制**をする必要があります。

　しかし社会厚生を測定することが実務的に難しい場合は、簡便な方法として、合併によって価格が上昇する可能性が高いかどうかを審査することが広く行われています。

水平合併の規制

　ある程度大きな合併を予定する企業は、事業を行う各国の競争当局に事前に届け出る必要があります。競争当局は、合併が行われる前に合併の是非を審査のうえで判断します。

　問題がある合併に対しては、合併を禁止したり、**問題を解消する措置**を行うことを前提に合併を認めたりすることになります。

　各国が国内法に基づいて独自に合併の是非を判断するので、同じ合併事案でも、競争当局によって結論が異なる場合が多々あります。グローバル企業に対しては**各国が協調して審査**を行うなどすれば、企業の負担も減るはずですが、国内法の運用が制約されることを多くの国が嫌うために、なかなか協調ができません。

　日本の競争当局である**公正取引委員会（公取委）**では、合併の**事前審査**において、将来を正確に予測するというよりは、経済学の理論と実証に基づいて、合併の論理的帰結に基づいて判断をしています。

基盤的サービスの事例

　人口減少で市場規模が減少すると、供給の過剰感が強まります。このとき企業は、事業撤退をしたり、事業を効率化したりする必要に迫られます。効率化の1つの手段が、**水平合併**です。

　人口減少下での水平合併は、衰退産業での合併に似て、効率性を向上させる効果がさほど高いとはいえず、合併で価格が上がることが想定されます。

　地域の基盤的なサービスを提供し続けるために、競争を制限する効果が若干認められても合併を認めるのかどうか。今後、公取委が厳しい判断を迫られる場面もさらに増えてくると思われます。

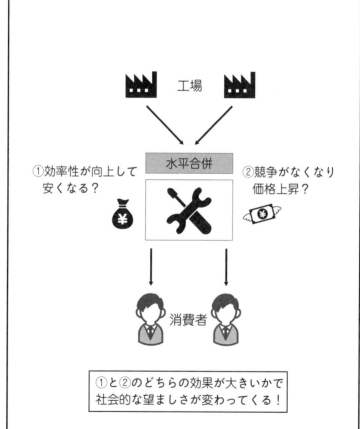

水平合併の効果

工場

水平合併

①効率性が向上して安くなる？

②競争がなくなり価格上昇？

消費者

①と②のどちらの効果が大きいかで社会的な望ましさが変わってくる！

デジタルプラット フォーム

プラットフォームとは、複数の経済主体が、より高い便益を得られる取引相手を求めて集まる場です。そしてオンライン上で取引ニーズが**マッチング**される場が、**デジタルプラットフォーム（DPF）**です。

デジタルとリアルの異同

オンラインモールは、出店者と利用者が取引を行うインターネット上の場になります。物理的な場であるデパートと同じく、プラットフォームには**ネットワーク効果**（→8-05）があります。多くの利用者が訪れるプラットフォームには多くの出店者が参加したいと思いますし、多様な出店者が参加するプラットフォームは、多くの利用者にとってさらに魅力が増すからです。

オンラインモールとデパートは同じプラットフォームでありながら、違う点が2つあります。

第1に、オンラインモールは物理空間での制約がなく、消費者は居ながらにして自らのニーズに合った商品を検索で簡単に探せる点です。

第2に、消費者の閲覧履歴等の**利用者情報**がデジタルプラットフォームに蓄積され、その情報を使って消費者ごとのニーズをより細やかに解析ができる点です。この解析にAIや機械学習が用いられます。

アンバンドル化と新事業

　データはつなげて規模を大きくしたほうが、分析の精度を上げられますし、規模の経済性が生かせます。データを蓄積・解析するコストが低下して、**ビッグデータ**をどんどん扱えるようになると、**マッチング機能**がさらに高度化・精細化します。

　それに伴って、様々なビジネスが生まれています。例えば、住居や自動車といった物的資本の稼働が可視化されるようになると、住居や自動車の空き時間を第三者に活用してもらうことで利用率を高めるような**シェアリング**のサービスが生まれます。

　これまで一体（**バンドル化**）とみなされていた**所有と利用が分離**（**アンバンドル化**）されることから生まれる新たなビジネスです。

　人的資本もアンバンドル化がされ、これまで専業が基本だった労働に、副業や兼業といった多様な働き方が生まれていることを6-06で触れました。

　アンバンドル化されたサービスは、データを通じて様々な連携（**バンドル化**、**抱き合わせ**）を生み出します。住居のシェアリングは、居住者に対するフードデリバリーや利用後の室内クリーニング、家具の破損に備えた保険などのサービスと連携できます。これまで別々のビジネスがDPFによって補完性を見出して**範囲の経済性**が生まれ、**エコシステム**として成長するのです。

　データ集積を通じたネットワーク効果を生かすDPFは、規模が大きくなるほど効率化して、消費者にとっての利便性も上がります。

DPFに対する懸念

　他方で懸念もあります。DPFが独占化して**買い手独占**になることで、**優越的な地位を濫用**して、出店者を買いたたいたり、不公正な契約条件を押し付けたりすることが1つの懸念です。

　また将来の競争相手となりそうなベンチャー企業を買収すること

で、競争相手を排除する行為（**キラー買収**）についても、競争阻害の懸念が持たれています。

3つ目の懸念として、閲覧履歴などの利用者情報が、DPFによって商業的に使われることです。**個人情報**としての保護を求める声もあります。

こうした懸念に対して、世界各国で新たな法整備が進んでいます。EUでは**デジタル市場法・デジタルサービス法**が制定されました。日本ではそれに先駆けて、**デジタルプラットフォーム取引透明化法**が制定され、日本型の**官民共同規制**（→3-06）が行われています。

DPFの競争上の課題

成長過程で様々な事業へと拡張してエコシステムを形成するDPFは、事業者が1つの事業で収益を上げることを基本として取り締まりを行ってきた競争当局の見方に対して、新たな課題を突き付けています。

ネットワーク効果においては、複数の事業がエコシステムのようにつながっているために、1つの事業だけを見て競争性を判断することが適切ではないからです。

また利用者からデータを収集しつつ、そのデータとの「物々交換」を通じて、無料でサービスを提供するビジネスモデルは、価格に注目して法執行を行ってきた競争当局の取り締まり方法に新たな対応策を迫っています。

所有と利用のアンバンドリング

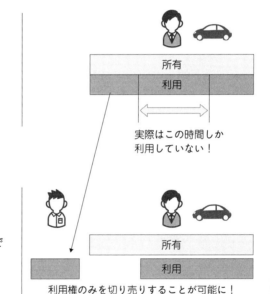

これまで

所有
利用

実際はこの時間しか
利用していない!

技術の進歩で

所有
利用

利用権のみを切り売りすることが可能に!

・所有と利用のアンバンドリングによって、所有に縛られない
　様々な利用形態に基づくビジネスが生まれることに!

▶ 05
システム調達

デジタル化による業務改善が目指されるなか、自治体においても情報システムの調達が積極的に行われています。システム調達に関する専門的な知識が自治体に欠けている場合、外部のベンダーに外注や委託をすることになります。

システム調達の課題

この結果、2つの問題が生じます。まず自治体によって導入するシステムが異なることが多く、システムの調達先であるベンダーによって文字コードや処理ロジック、業務プロセスが違うことから、全国統一的なシステムとなりにくい点です。

もう1つは、システム改修にあたってベンダーを変えようとしても、データの取り出し等に多額のコストを請求されることが多く、結果として当初のベンダーとの取引をやめることができないという点です。このように、代替的な選択肢を奪われてしまうことを、**ロックイン**や**ホールドアップ**（→9-02）と呼び、効率的なシステム設計・調達の妨げになることが知られています。

中央集権と自律分散のバランス

システム調達において、中央政府が仕様を一律に決めるのがよいのか、あるいは各自治体の創意工夫に任せるのがよいのかは、議論のあるところです。

全国で一律であるべきサービスに関しては、その質を確保するた

めにも、中央政府が自治体と協力して仕様を**標準化**することが効率的と考えられます。それは、地域住民にとっても居住地域にかかわらず全国で一律のサービスを受けられるという安心感にもつながります。

　他方で、自治体の特色を出すべき側面については、住民の利益を代表する立場で、自治体の創意工夫が発揮されるべきでしょう。

　中央集権と**地方分権**を対立するものと捉えず、両者が補完するものとして、そのバランスをとるという考え方は、システム調達のみならず、新たな地方分権のあり方を考えるうえでも重要な視点です。

調達における裁量行使

　日本では公共調達においては、競争性を確保する調達方式として、**一般競争入札**を行うことが原則とされており、システム調達においても多くの自治体が、価格によるシステム調達を行っているものと思われます。

　価格による一般競争入札は、標準化された財・サービスの調達にはふさわしいですが、価格以外に、品質やその後のシステムの保守修繕を要する財・サービスの調達には適していないと考えられています。一旦システムを納品してしまうと、保守修繕において落札業者は独占状態になってしまうからです。まさに発注者である自治体のロックインは、ここに起因していると考えられます。

　ロックインを避けるためには、仕様の標準化はもちろんですが、同時に発注方式においても、価格以外の要素を勘案する調達方式や、単に入札を行うだけでなく、契約交渉を行う方式も検討に値すると言われています。

▶ 06

垂直統合の得失

　企業は**垂直統合**（垂直合併）と**垂直分離**のいずれを企業組織として選択するのか。

　この問題を最初に提起したのは、ノーベル賞受賞者である**ロナルド・コース**でした。コースは「企業の本質」と題した学士論文にて、企業と市場の境界線はどこか、という問いを発したのです。

理論的な観点

　市場で調達するのが効率的ならば、なぜ企業は内製したりするのか？　必要な全ての部材を外部調達すればよいのではないか？　これがコースの問いでした。つまり極論すると、全て市場から調達できれば企業はいらないということにもなるということです。

　現実には、企業は市場調達と自社内生産とをうまくバランスしながら、経済活動をしています。企業が全ての市場に依存しないのは、市場調達にも**取引費用**がかかるからです。市場調達には、品質や価格のボラティリティの点で、不確実性があり、そうした変動リスクを避けようとすれば、自社内生産を選ぶことになります。また市場にない、新たなイノベーションを生み出そうとするときも、自社内生産という垂直統合が必要な場面と思われます。

　以下では、電力を事例に垂直統合の得失を考えてみましょう。

発送電分離のメリット

　日本では、**電力システム改革**の一環として、2020年4月に大手

電力会社を分割し、発電・小売部門の役員などの兼業を不可とする**発送電分離**を始めました。発電・送配電・小売部門の**垂直一貫**体制で戦後続いてきた日本の電力システムが、沖縄電力を除く9社において、送配電部門を新たな事業会社として分社化することで、垂直分離がなされたのでした。

　市場が価格メカニズムを通じて効率的に資源配分するのであれば、自社で生産するよりも市場から調達したほうがよいはずで、すべての企業はすべからく垂直分離を選ぶはずです。ではなぜ、電力会社は垂直一貫を選んできたのでしょうか。

取引費用の削減

　電力という財は、貯めることが現状難しいことから、瞬時に需要と供給を一致させる必要があります。需要の予測精度は年々上がっていますが、依然として需要の動きを正確に捉えることはできません。加えて、近年では天気で変動する太陽光が再エネとして大量に導入された結果、再エネの出力変動が需給調整を難しくし始めています。

　停電を回避し、安定的な電力供給を維持するためには、突発的な事象が起きたときに、瞬時に予備電源を使えるようにする必要があります。しかしこの予備電源をいざというときに外部から調達できるかは不確実性が高く、また需給ひっ迫のときには予備電源の値段が跳ね上がる可能性もあります。

　そうした事態を想定すると、需給調整における取引費用を安価に済ませるために、自社に発電部門や小売部門を持つことで、需給調整を自ら行うのが確実とも考えられます。

　垂直統合・垂直分離には、取引費用の低減と競争促進というメリット・デメリットがあります。この相対的な重要度に応じて、垂直的な企業体制の是非を考えることが望まれるでしょう。

電力における垂直(発送電)分離

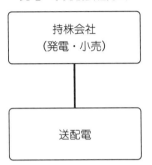

発電・小売親会社方式

```
┌─────────────────┐
│   持株会社        │
│ (発電・小売)      │
└─────────────────┘
         │
┌─────────────────┐
│    送配電         │
└─────────────────┘
```

北海道電力、東北電力、北陸電力、
関西電力、中国電力、四国電力、
九州電力、電源開発

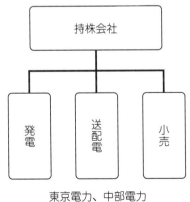

持株会社方式

```
┌─────────────────┐
│    持株会社       │
└─────────────────┘
    │    │    │
┌────┐ ┌────┐ ┌────┐
│発電│ │送配電│ │小売│
└────┘ └────┘ └────┘
```

東京電力、中部電力

▶ 07

中小企業政策

シカゴ学派（→3-04）が登場する前、**ハーバード学派**が一世を風靡しました。

ハーバード学派は、企業数の多寡が価格の高低を決めると主張し、価格を下げるためには、企業数を増やすことが必要と訴えました。企業数が増えることが市場競争を活性化すると考えたからです。

ハーバード学派の考え方を取り入れ、1970年代までの米国では、大企業の分割や中小企業の保護が政策目的とされました。石油や鉄鋼、通信等では**企業分割**がされました。例えば、エクソンモービルは、スタンダード・オイルが当時分割されて誕生した会社です。

現在では、ハーバード学派のように企業を分割するという**構造的な問題解消措置**でなくとも、価格が高ければ企業参入によって企業数が自然に増えて価格が下がるという市場メカニズムの機能も使いつつ、複線的な政策手段が目指されています。

中小企業の特徴

中小企業庁によると、日本では全企業数の90%以上を中小企業が占めるとされ、雇用においても70%近い従業員を抱えているとされます。

1963年に制定された中小企業基本法では、中小企業を「弱者」と捉え、大企業と中小企業の**格差是正**をするために、中小企業の生産性を向上し、取引条件を是正するべきとされました。

2008年のリーマン・ショックや東日本大震災、新型コロナ感染

拡大など、情報の非対称性が深刻化しやすい経済危機において、政府系金融機関が中小企業の経営を支える役割を果たしました。

　他方で、こうした金融支援策が中小企業の倒産を遅らせ、本来退出すべき企業（**ゾンビ企業**）を生きながらえさせたとの指摘があります。また中小企業の保護が行き過ぎると、企業は中小規模のままでとどまろうとし、成長することに躊躇するようになるとの指摘もあります。

　生産性が低い中小企業の存在が、日本経済における賃金の上昇や雇用の流動化を妨げる理由とする意見もあり、政策のあり方について検証が求められるところです。

　日本には、世界で突出した技術を有する中小企業が数多く存在しています。経済の新陳代謝を活性化させながら、技術を有する中小企業層の厚みを増すことが、中小企業政策に求められます。

ベンチャー政策

　中小企業の成長には、経営革新と創業促進が不可欠です。そのために日本で起業家を増やし、**スタートアップ**を生まれやすくする環境整備も進んでいます。

　1つのスタートアップを成功させるのには、多くの失敗の経験が必要とされています。日本にベンチャーを根づかせるためには、担保をとって融資をする方法ではなく、**リスクマネー**を供給する必要があります。また**高度人材の流動化**や、失敗を許容し再挑戦を容易にできる社会経済の土壌作りなども必要です。

　スタートアップを育成するためのエコシステムをバランスよく整備していくことが必要なのです。

30 秒でわかる! ポイント

競争政策における
ハーバード学派とシカゴ学派

ハーバード学派

> チェンバレン、ベインによって形作られ、ケイブスやシャーラーにより体系づけた考え方。市場を構造（structure）・行動（conduct）・成果（performance）の3つのレイヤーに分けて捉えた見方（SPCパラダイム）は、初期の独禁法の運用に大きな影響を与えました。

シカゴ学派　（→ 3-04, 11-01）

> スティグラーやデムゼッツ、ディレクターらによって発展された考え方。完全競争に基づく市場メカニズムに強い信頼を置き、自由経済が望ましいとする立場から、積極的な競争政策の運用に批判的でした。

・ハーバード学派のSPCパラダイムは、理論的な基礎づけが脆弱だったこともあり、後退しました。
・シカゴ学派が台頭することになりました。

イノベーションと
投資インセンティブ

経済学では、企業は利潤を最大化するように行動すると仮定します。利潤を最大化するとは、費用を最小化することです。この考え方は独占企業にも当てはまるので、独占企業は利潤を高めるために、効率的な経営をする誘因があるはずです。

しかし、競う相手がいないと怠けがちになります。競争事業者がいない独占企業も、費用を最小化する努力を怠る可能性があります。これを**X非効率性**といいます。独占企業は、消費者の利益にかなうような費用の引き下げ（**プロセス・イノベーション**）や、新たな商品を生み出す（**プロダクト・イノベーション**）といったイノベーションの活性化に後ろ向きになりがちということです。

市場構造とイノベーション

この点を最初に指摘したのは、イノベーション研究の大家である**シュンペーター**です。

まず『経済発展の理論』（1911年）にて「**起業家と小規模企業による競争がイノベーションを生み出す**」とし、イノベーションを生み出すうえでの独占のデメリットに言及しています。

興味深いことに、シュンペーターは後に『資本主義・社会主義・民主主義』（1942年）において、「**市場支配力を持つ大企業の存在がイノベーションを促すために必要**」という指摘もしています。独占がイノベーションを促すというわけです。

後者の指摘は、**知的財産権**（→9-02）の考え方と似ています。

発明の成果を一定期間、独占化することを許すことで、企業の発明へのインセンティブを高めるということです。

非線形なイノベーションとの関係

　では独占と競争といずれがイノベーションを促進するのでしょうか。アギオンらは特許件数をイノベーションの代替変数をみなすことで、競争の程度とイノベーションとの間には**逆U字型**の関係があることを実証的に指摘しています。イノベーションを最も促す競争形態は、独占と完全競争との間に位置するというわけです。

　知的財産権による独占期間を無限に延ばすと、後続企業は特許を使用したイノベーションを起こすことができません。イノベーションを活性化させるために、保護と競争のバランスをどう取るか、まだ研究の決着がついていない分野です。

自由化における発電投資

　具体的な事例として、電力における新規の発電投資を考えてみましょう。発電の新規投資は、より安価な供給力を生み出すという点でプロセス・イノベーションと同等とみなすことができます。

　自由化前の地域独占では、大手電力は、北海道や沖縄など自らの供給エリアの顧客に供給するために発電投資を行ってきました。

　しかし2016年に電気の**小売業への参入が全面自由化**され、地域独占が崩れて新電力が参入すると、大手電力は新電力に顧客を奪われ、発電量を確実に売りさばくことに不確実性が高まりました。

　発電余力は市場に売りに出せますが、市場価格は上下しますので、発電収益の不確実性は残ります。これにより、発電投資額は縮小してしまいました。

　量と価格の双方に残存する不確実性を**ヘッジ**（→2-04）することは容易ではなく、自由化当初は、どの国も発電投資が鈍くなり、供給力が減少する傾向が見られています。

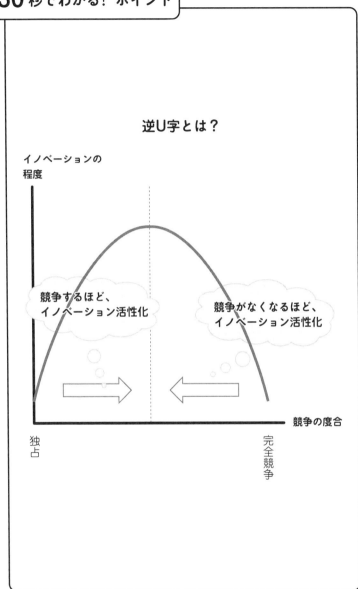

逆U字とは？

イノベーションの
程度

競争するほど、
イノベーション活性化

競争がなくなるほど、
イノベーション活性化

競争の度合

独占

完全競争

おわりに

　本書は、経済学の「実戦」の場として経済政策を取り上げ、政策を通じて現代の社会経済の理解を深めることを目的としました。本書では、経済学と関連性がありながらも、現代社会を語るうえで大切な視点を提供する経済政策を選んでみました。

　もっとも、紙面が限られるなか、本書で取り上げられなかった重要な経済政策も多く、本書で扱った経済政策でも、十分に説明し尽くせなかったとの思いも残っています。加えて、自らの主張が色濃く反映してしまった記述もあったかもしれません。こうした点、お許しをいただければと思います。

　本書の執筆を通じて、経済学と経済政策との違いを意識しました。経済学の原理原則は、時間や場所で異なるところはありません。それに対して、経済政策は、社会経済の現実の動きや、そこから生じる新たな課題に対応せざるを得ないという点で、「鮮度」が重要です。

　経済学は概して普遍的で、その根本理論は古くはなりませんが、多くの経済政策は刹那的な部分があり、人々の関心も長く続かないという点で「劣化」の速度が著しいこともあります。本書では、できるだけ「消費期限」が長く、しかし経済学の知見が必要とされる分野を取り上げて、章立ててみました。

　もっとも、経済学だけで経済政策を語り尽くすことはできません。それぞれの政策分野では、経済学だけでなく、他の分野の知見や、制度・エビデンス（事実）も重要な役割を果たします。本書では、経済政策を学ぶ入り口の役目も果たそうと、本書で扱った主要な政策分野においては、制度やエビデンスも簡単に紹介しました。

本書から見えてくるのは、政策分野が異なっても、経済学という
レンズを通すと、背景に共通する政策的な考え方があることではな
いかと思います。経済学を「実戦」的に使いながら、経済政策を学
ぶことの面白さを少しでも感じていただけたのであればうれしく思
います。

　本書の草稿の段階で、東京大学経済学部大橋ゼミの３・４年生の
皆さんに多くのコメントをいただきました。特に４年生の竹安宏曜
さんにはイラストに対して色々なアイディアをいただき、本書にも
生かされています。東京経済大学の中村豪教授には、本書の重要な
項目に対して、鋭いコメントをいくつもいただきました。大橋研究
室の長久さゆりさんには、たくさんの図表の作成と校正を手伝って
いただきました。その他にもここに書き切れない多くの方に助けら
れて本書を書き終えることができました。これまで支えて下さった
方々にこの場を借りて、お礼を申し上げます。

2023年２月　大橋　弘

大橋　弘（おおはし　ひろし）

1970年、東京都生まれ。東京大学経済学部卒業、米国ノースウェスタン大学博士号取得。ブリティッシュ・コロンビア大学（カナダ）経営管理学部助教授を経て、2003年に東京大学経済学部助教授。同大准教授を経て、2012年、同大大学院経済学研究科教授。2020年、同大公共政策大学院院長。2003年以来、東大で教鞭をとる。2022年より現職。

著書に、『プロダクト・イノベーションの経済分析』（編著・東京大学出版会）、『EBPMの経済学』（編著・東京大学出版会）、『競争政策の経済学』（日本経済新聞出版）など。

大学4年間の経済学が10時間でざっと学べる・実戦編

2023年3月16日　初版発行

著者／大橋　弘

発行者／山下　直久

発行／株式会社KADOKAWA
〒102-8177　東京都千代田区富士見2-13-3
電話　0570-002-301（ナビダイヤル）

印刷所／大日本印刷株式会社